Z.2271
E.20

2351

BIBLIOTHEQUE
UNIVERSELLE
DES DAMES.

Première Classe:

VOYAGES.

Il paroît tous les mois deux Volumes de cette Bibliothèque. On les délivre soit brochés, soit reliés en veau fauve ou écaillé, & dorés fur tranche, ainfi qu'avec ou fans le nom de chaque Soufcripteur imprimé au frontifpice de chaque volume.

La foufcription pour les 24 vol. reliés eft de 72 liv., & de 54 liv. pour les volumes brochés.

Les Soufcripteurs de Province, auxquels on ne peut les envoyer par la pofte que brochés, payeront de plus 7 liv. 4 f. à caufe des frais de pofte.

Il faut s'adreffer à M. CUCHET, Libraire, *rue & hôtel Serpente*, à Paris.

BIBLIOTHEQUE
UNIVERSELLE
DES DAMES.
VOYAGES.
TOME VINGTIÈME.

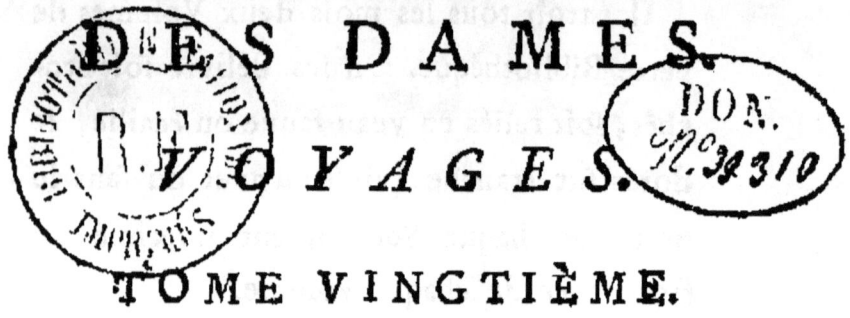

A PARIS,

RUE ET HÔTEL SERPENTE.

Avec Approbation & Privilège du Roi.

1791.

BIBLIOTHEQUE
UNIVERSELLE
DES DAMES.
VOYAGES.
LETTRE XXXVI.

Du Cap de Bonne-Espérance.

ME voici, Madame, ramené au Cap par des circonstances impérieuses, beaucoup plutôt que je ne le desirois. J'y suis malgré moi, & j'attens le départ prochain d'un navire, qui doit faire voile pour le Congo. J'aurai pour compagnon de voyage un Portugais avec lequel je viens de faire connoissance, & que son goût pour les voyages promène, comme moi, dans les différentes parties du globe. La dernière course qu'il a tentée, l'a porté dans l'Abyssinie, vaste pays d'où la nécessité des évènemens m'a éloigné. Cet honnête européen a bien voulu me communiquer un extrait de son journal, & je me hâte, Madame, de vous en faire part, pour suppléer à ce que je n'ai pu vous raconter d'après ma propre expérience.

« L'empire d'Abyssinie a été l'un
» des plus grands dont l'histoire
» ait jamais fait mention. Il avoit
» dix-sept cens lieues d'Allemagne
» en longueur, s'étendant depuis la
» Mer-Rouge jusqu'au royaume de
» Congo, & depuis l'Egypte jus-
» qu'à la mer des Indes. Il com-

» prenoit alors trente-quatre royau-
» mes & dix-huit provinces; au-
» jourd'hui il n'eſt pas plus grand
» que l'Eſpagne, c'eſt-à dire, qu'il
» peut avoir deux cent cinquante
» lieues de longueur, ſur deux cent
» trente de large. Sa ſituation eſt
» entre le ſeizième & le dix-ſep-
» tième degrés de latitude ſepten-
» trionale. Il ſe diviſe en ſix pro-
» vinces & cinq royaumes, dont une
» partie dépend abſolument du roi,
» & l'autre paie ſeulement un tri-
» but, ou forcé, ou volontaire.
» Le royaume de Tigre, qui étoit
» le plus conſidérable de tous, a
» ſecoué le joug de l'empereur
» Abyſſin, au commencement de
» ce ſiècle, & s'eſt érigé en état

» libre sous une forme de gouver-
» nement républicain.

» Le climat d'Abyssinie est beau-
» coup moins chaud que celui du
» Congo. On y jouit d'un prin-
» tems perpétuel, plus beau & plus
» agréable que le nôtre. Cette
» contrée ayant la sphère droite,
» les jours & les nuits sont pres-
» qu'égaux ; & de même que dans
» tous les pays situés sous la Zône-
» Torride, l'aurore & le crépus-
» cule y sont d'une courte durée.

» L'Abyssinie est arrosée par un
» assez grand nombre de rivières &
» de lacs, parmi lesquels le Nil
» tient le premier rang. C'est dans
» ce royaume qu'il prend sa source,
» au douzième degré de latitude,

» & sous le cinquante-troisième de
» longitude. La Iakaze & le Ma-
» leg sont encore deux rivières con-
» sidérables qui se jettent dans le
» Nil. Le Dambéa est le plus grand
» de tous les lacs. Il a environ trente
» lieues de long & douze de large.
» Il renferme six îles d'une assez
» grande étendue, qui toutes, à
» l'exception d'une seule, sont pos-
» sédées par des moines.

» Les montagnes sont en plus
» grand nombre encore que les
» rivières, & il s'y en trouve plu-
» sieurs d'une hauteur très-consi-
» dérable.

» Le sol de l'Abyssinie est d'une
» fertilité admirable, tant dans les
» plaines que dans les vallées. Il

» donne deux moissons par an,
» & toutes les sortes de grains y
» peuvent être cultivées avec suc-
» cès. Les fruits les plus communs
» sont le raisin, la pêche, la gre-
» nade, l'amande, la figue, la
» datte, & tous ceux que produit
» l'Egypte, sans en excepter la
» canne à sucre.

» Parmi les plantes médicinales
» qu'on y voit en quantité, & qui
» sont inconnues en Europe, on
» en remarque une qu'on appelle
» assazoé : elle a des vertus si
» contraires aux serpens, que si-
» tôt qu'ils en sont touchés, ils
» tombent dans un assoupissement
» qui ressemble à la mort. Les
» vipères mêmes, qui passent sous

» cette plante, & qui se reposent à
» son ombrage, tombent dans une
» telle stupeur, qu'on peut les ma-
» nier sans en avoir rien à crain-
» dre. Il ne faut que manger de la
» racine de cette plante pour être
» en sûreté au milieu des reptiles
» les plus venimeux.

» Les animaux domestiques de
» l'Abyssinie sont des chameaux,
» des chevaux d'une taille médio-
» cre & presque tous noirs ; des
» bœufs de deux espèces ; savoir,
» une dont on se sert pour le la-
» bour & les charrois ; & l'autre,
» qu'on ne nourrit que pour la tuer.
» Ceux de la première espèce n'ont
» point de cornes, ou s'ils en ont,
» elles sont si flexibles & si molles,

» qu'elles pendent comme un bras
» rompu. Les autres font gros
» comme deux des nôtres; on les
» engraisse avec du lait. Leurs cor-
» nes sont si grandes, qu'elles tien-
» nent plus de vingt pintes; car
» les Abyssins s'en servent au lieu
» de cruches & de bouteilles. Il
» n'en faut que quatre pour faire
» la charge d'un bœuf. Les ânes,
» les moutons, les chèvres, par-
» tagent l'état de domesticité avec
» les animaux dont on vient de
» parler.

» L'éléphant, le caméléopard,
» le lion, le tygre, le loup, le zè-
» bre & plusieurs autres sortes de
» singes, habitent les montagnes,
» & peuplent les forêts,

ABYSSINIE.

» Parmi les amphibies, on re-
» trouve ici l'hyppopotame, le cro-
» codile, & d'autres lézards très-
» voraces & de la grandeur d'un
» chien ordinaire.

» L'autruche tient le premier
» rang parmi les oiseaux qui sont en
» grand nombre, & parmi lesquels
» on voit l'ibis, le cardinal, espèce
» de moineau, qui a comme un
» camail rouge sur les aîles.

» La classe des insectes, reptiles
» & autres, offre une multitude
» de serpens ; les uns très-gros, qui
» ne sont dangereux que par la
» violence de leurs morsures, sans
» aucun venin ; & d'autres qui ne
» sont pas plus gros & plus longs
» qu'un bras d'homme, & qui

» tuent également, dit-on, les
» hommes & les bêtes par leur
» souffle empoisonné.

» Des insectes moins dangereux
» que ces reptiles, mais beaucoup
» plus terribles, en ce qu'ils ne
» vont qu'en troupes innombrables
» & ne cherchent que les lieux culti-
» vés, ce sont les sauterelles. Elles
» désolent quelquefois des provin-
» ces entières, & y causent une telle
» disette, qu'il faut plusieurs années
» pour en effacer le souvenir. Au
» commencement on se nourrit de
» ces insectes qui font tant de mal.
» Le desir de s'en venger les fait
» manger avec avidité, quoique ce
» soit une nourriture mal-saine.
» Quand ces sauterelles viennent

» à manquer, la famine se fait
» sentir par-tout : les hommes &
» les animaux périssent par mil-
» liers.

» Il est peu de pays où les abeilles
» soient en aussi grand nombre
» qu'en Abyssinie, & où par con-
» séquent le miel soit plus abon-
» dant. Les unes sont domesti-
» ques, habitant des ruches où
» elles déposent leur cire & leur
» miel. Les autres choisissent leur
» demeure dans des trous d'arbres,
» & sous terre, dans des cavités
» qu'elles pratiquent exprès. Celles-
» ci sont noires & sans aiguillon ;
» leur miel est le plus estimé, &
» leur cire est d'une blancheur
» extraordinaire. La grande quan-

» tité de miel qu'on recueille en
» ce pays, le grand nombre de va-
» ches qu'on y nourrit, autorisent
» à dire sans hyperbole que l'Abys-
» sinie est une terre où coulent le
» beurre & le miel.

» Il est aisé de juger que les
» montagnes y étant très-multi-
» pliées, les différens minéraux
» doivent s'y trouver répandus dans
» l'intérieur & même à la surface.
» Les parcelles d'or que les ri-
» vières roulent dans leur sable
» & déposent sur leurs bords,
» l'imposition à laquelle ces pro-
» vinces sont assujetties envers le
» trésor impérial, où le tribut se
» verse en or, forment un nouveau
» témoignage qui prouve combien

» l'or est abondant dans cette ré-
» gion. L'argent y est bien moins
» commun ; on ne le retire qu'en
» petite quantité du plomb auquel
» il se trouve mêlé. Le fer dont on
» fait usage, on le rencontre assez
» ordinairement à la superficie de
» la terre.

» L'ignorance des Abyssins dans
» la minéralogie, leur paresse na-
» turelle, la crainte qu'ils ont
» d'exciter la cupidité de leurs voi-
» sins, qui ne manqueroient pas
» de leur faire la guerre, sont au-
» tant de motifs qui les empêchent
» de fouiller les entrailles de la
» terre pour y découvrir des mi-
» nes, & qui les réduisent à se
» contenter des parcelles métalli-

» ques que leur offre le hasard à
» la superficie.

» Il y a des montagnes entières
» de sel fossile dont on tire plus
» de profit, & qui est un objet
» général d'échange avec tous les
» royaumes voisins. Il faut peu de
» force pour le tirer tout préparé
» de la mine, parce ce qu'il est
» fort tendre. Mais à l'air, il ac-
» quiert de la solidité & une dureté
» peu différente de celle de la
» pierre.

» Telle est la nature du sol en
» Abyssinie : l'espèce humaine n'y
» a pas été traitée moins favora-
» blement. Les Abyssins sont mieux
» faits de corps & de visage que
» les Nègres. Ils n'ont point ;

» comme ceux-ci, le nez plat, les
» lèvres grosses ; leur peau n'est pas
» aussi noire, la couleur n'en est
» qu'olivâtre. Dans les conditions
» communes, l'habillement ne con-
» siste qu'en un caleçon, surmonté
» d'une veste de grosse toile de co-
» ton ; mais les gens distingués
» portent de la soie, & sur-tout
» des velours de Turquie, façon-
» nés en habits longs comme les
» vêtemens du Turc. Ils ont un
» soin particulier de leurs cheveux,
» qu'ils portent longs & tressés.
» La jeunesse va tête nue ; mais
» si-tôt que l'âge commence à se
» faire sentir, on porte des bon-
» nets ou même des turbans à la
» turque.

» Les femmes font encore plus
» magnifiques dans leurs habits que
» les hommes ; leurs robes fort
» amples & fort larges font faites
» des plus riches étoffes de Tur-
» quie. Les pendans d'oreilles, les
» colliers, les bracelets font pro-
» digués dans leurs parures.

» Et cependant les habitations
» ne font que de misérables ca-
» banes de terre, couvertes de
» paille, ou des tentes de toile de
» coton. Ces cabanes compofent
» les bourgs & les villages ; car
» pour des villes, il n'en exifte
» pas une feule dans toute l'Abyf-
» finie. L'Empereur, les grands fei-
» gneurs, les gouverneurs, les vice-
» rois campent toujours. Les meu-

» bles, ainsi qu'on les voit chez
» les peuples errans, se réduisent
» à des nattes, à quelques siéges,
» & à un petit nombre d'ustensiles
» de cuisine. La simplicité des re-
» pas égale celle de l'ameublement.
» Cependant l'usage de la viande
» ne leur est interdit que pendant le
» carême, dont ils sont religieux
» observateurs, ainsi que le prescrit
» la religion grecque qu'ils pro-
» fessent. Point d'hôtelleries, point
» de cabarets en Abyssinie. Un
» homme peut parcourir tout cet
» empire sans qu'il lui en coûte un
» sol. Il arrive dans un village ou
» dans un camp, & lui & toute
» sa suite sont logés & nourris. Le
» maître de la maison où il des-

» cend, court avertir les habitans,
» qu'il lui est arrivé un hôte. Aussi-
» tôt chacun se cottise; l'un ap-
» porte du pain, l'autre de la bierre;
» en sorte qu'en peu de tems le
» voyageur est fourni de tout ce
» qui lui est nécessaire. On prend
» d'autant plus de soin de le satis-
» faire, que s'il arrivoit qu'il eût
» à se plaindre, le village seroit
» condamné à lui payer le double
» de ce qu'on devoit lui fournir.

» Cette coutume est si bien éta-
» blie, qu'un étranger qui ne fait que
» passer, entre dans la maison d'un
» homme qu'il n'a jamais vu, comme
» s'il arrivoit chez son plus proche
» parent ou chez le meilleur de ses
» amis. Il faut louer assurément ces

» mœurs hospitalières; mais n'ont-
» elles pas des inconvéniens, en ce
» qu'elles entretiennent un grand
» nombre de vagabonds, qui ne
» manquent pas de dépouiller les
» voyageurs qu'ils rencontrent ? La
» civilité abyssinoise consiste à tirer
» d'une bourse, que tout le monde
» porte, un petit morceau de sel, &
» à se le donner mutuellement à lé-
» cher lorsqu'on se rencontre ; au
» bout d'un instant on le rend avec
» quelques façons, & on le resserre
» dans la bourse jusqu'à un nou-
» veau salut.

» Les femmes ne mènent pas une
» vie fort retirée ; elles se visitent
» les unes les autres, & jouissent
» de tant de liberté, que la pureté

» conjugale en est souvent blessée.

» La manière dont on apprête les
» viandes, est fort peu ragoûtante
» pour un européen. Tout ce qu'on
» mange est d'un haut goût extraor-
» dinaire & nage dans le beurre :
» on cuit le pain tous les jours; il
» est plat, mince, & si large, qu'il
» couvre toute une table, autour de
» laquelle peuvent se ranger quinze
» personnes : ni les nappes, ni les
» serviettes ne leur sont connues; les
» personnes de qualité ne touchent
» jamais à ce qu'elles mangent; elles
» ont des pages qui leur coupent les
» morceaux & les leur portent à la
» bouche. Il est de la civilité & du
» bel air de manger de gros mor-
» ceaux & de faire beaucoup de

» bruit en mâchant; il n'y a, difent-
» ils, que les gueux, qui ne mangent
» que d'un côté, ou des voleurs
» qui craignent de faire du bruit.
» Leur plus grand régal eft une
» pièce de bœuf crue & toute chau-
» de. On ne manque jamais de tuer
» un bœuf toutes les fois qu'on
» donne à manger, & le mets prin-
» cipal eft un quartier tout crud,
» fortement affaifonné de poivre &
» de fel. Le fel, qui n'eft pas oublié,
» fert à faire une fauce au lieu d'huile
» & de vinaigre. On m'a fouvent
» fervi ce ragoût, & pour me dif-
» penfer d'y goûter, j'ai toujours
» répondu que c'étoit un mets trop
» délicat pour un européen.

» Les boiffons ordinaires font la

» bierre & l'hydromel; les Abyssins
» en boivent à l'excès, lorsqu'ils se
» rendent visite les uns aux autres.
» On perd la réputation de galant
» homme, si on laisse sortir de chez
» soi avec leur raison, tous ceux
» qui viennent faire une visite. Il
» faut se noyer dans la bierre. Après
» les premiers complimens, on s'as-
» sied par terre autour de la cabane;
» un valet apporte un broc ou une
» outre remplie de bierre, il en verse
» dans un pot, commence par y
» boire, puis le présente au plus con-
» sidérable de la compagnie & en-
» suite aux autres. La visite & la
» conversation durent autant qu'il y
» a à boire. Les Abyssins pourroient
» fort bien avoir du vin, mais la pei-

» ne qu'il faut prendre pour le faire
» & pour le conserver les en dégoûte.

» Il y a différentes langues en usage
» en Abyssinie; la plus ancienne est
» celle qu'on appelle *leschanas-gées*,
» la langue d'étude ou la langue du
» royaume de Gées. C'est dans cette
» langue que sont écrits tous les li-
» vres, tant sacrés que profanes;
» elle a beaucoup d'affinité avec
» la langue arabe, & elle semble
» en tirer son origine; elle ne s'em-
» ploie que dans les livres, dans les
» lettres du roi & pour le service
» divin. On se sert ordinairement à
» la cour de la langue appelée *ama-*
» *ra*. Le fondateur de la nouvelle
» dynastie, ayant été élevé à parler
» cette langue, nommée ainsi du

» royaume d'*Amara*, la mit en vo-
» gue. Elle est aujourd'hui si univer-
» sellement répandue, qu'elle suffit à
» qui veut se faire entendre dans pres-
» que toutes les provinces. On passe
» ici pour savant, lorsqu'on joint à
» l'étude de ce dernier idiôme la
» connoissance de l'ancien. L'un &
» l'autre sont rudes & difficiles à
» prononcer pour un étranger,
» parce qu'ils ont des lettres dont
» on ne trouve point les analogues
» dans nos langues européennes.

» La religion des Abyssins est à peu
» près la même que celle des *Koptes*
» d'Egypte, c'est-à-dire, un mêlange
» du christianisme grec & des céré-
» monies judaïques & mahométanes.

» L'origine de l'empire d'Abyssinie
» n'est

» n'est pas mieux connue que la
» succession de ses rois; il est assez
» difficile de rendre raison du nom
» de *Prêtre-Jean* que l'on a long-
» tems donné au souverain de cet
» état, à moins qu'on ne veuille
» adopter le récit de *Dapper*. Marc
» Paul, célèbre voyageur vénitien,
» ayant fait mention dans ses voya-
» ges d'un prince qu'il appelle *Prêtre-*
» *Jean*, les portugais qui entreprirent
» la découverte des Indes, le cher-
» chèrent inutilement dans ces con-
» trées. On sait que ce nom avoit
» été attribué aussi au grand-lama,
» qui est à la fois grand-pontife &
» souverain temporel. Un portu-
» gais, convaincu du peu de succès
» des recherches que sa nation avoit

» faites aux Indes, entendit parler
» du roi d'Abyssinie en passant par
» l'Egypte. Sur ce qu'on lui ap-
» prit que ce prince étoit chrétien
» & portoit une croix entre ses
» mains, il jugea que c'étoit-là
» véritablement le Prêtre-Jean de
» Marc-Paul ; d'après cette opi-
» nion, il donna en Europe ses con-
» jectures pour une réalité, & de-là
» se répandit généralement le nom
» de Prêtre-Jean, pour désigner le
» roi d'Abyssinie ; mais la vérité est
» qu'on l'appelle dans ces contrées,
» *Negusch*, c'est-à-dire, roi, ou
» *Neguscha-Nagascht*, le roi des
» rois. Quand on lui parle, on le
» traite de *hatzegue*, qui revient
» au mot sire. Les Abyssins ne par-

» sent qu'avec beaucoup d'incerti-
» tude de leurs anciens rois; ils
» n'en font commencer la dynastie
» qu'à Mehilehec, qu'ils disent
» avoir été fils de la reine Moko-
» da, laquelle ils soutiennent être
» la même que l'écriture nomme
» reine de Saba, & qui alla voir
» Salomon. Cette princesse, à ce
» qu'ils disent, s'en retourna chez
» elle, non-seulement comblée des
» faveurs du roi des Juifs, mais
» encore avec d'autres marques
» sensibles de son amitié, qui se
» déclarèrent par une grossesse heu-
» reuse. Elle mit au monde, après
» son retour, un prince qu'on nom-
» ma Mehilehec, ou David, d'où
» sont descendus les rois des Abys-

» fins. Cette famille, suivant les
» annales d'Abyssinie, a régné jus-
» qu'en l'an 950, qu'un usurpateur
» s'empara du trône après la mort
» de Delnoadi, qui étoit de la race
» de Salomon. La famille de l'usur-
» pateur garda le sceptre jusqu'en
» l'année 1300, que les grands du
» royaume s'étant révoltés, ren-
» dirent à Iconam-laco, prince du
» sang de Salomon, la couronne
» de ses pères; & c'est un de ses des-
» cendans qui la possède encore
» aujourd'hui.

» Ce souverain gouverne son
» empire par un ministre appelé
» *Ratz*, qui est son grand-visir,
» & qui a toute l'autorité dans
» le civil comme dans le mili-

» taire; après ce ministre, vient le
» *Ralatina-sala*, qui est comme le
» grand-maître de la maison de
» l'empereur. C'est cet officier qui
» est chargé en chef des revenus
» du roi, qui en dispose & qui a
» soin d'en faire le recouvrement.
» Dans chaque district est un lieu-
» tenant-général ou gouverneur,
» qui préside à l'administration de
» la justice, & qui commande au
» chef nommé *Godare*, qui est éta-
» bli en chaque village.

» La justice abyssinoise s'admi-
» nistre avec une simplicité ad-
» mirable. Deux particuliers ont-
» ils un procès ? ils choisissent un
» juge tel qu'il leur plaît; puis ils
» plaident leur cause devant lui:

« Si cependant ils ne sont pas d'ac-
« cord sur leur choix, ils vont
« trouver le *Godare* du village ou
« le commandant du canton, qui
« leur nomme un juge, & alors
« ils ne peuvent le récuser ; mais
« s'ils ne sont pas contens de son
« jugement, ils ont la voie de l'ap-
« pel au gouverneur ou au roi
« même. Tous les procès se jugent
« sur le champ, sans écritures, sans
« avocats. Le juge s'assied par terre
« au milieu d'un chemin, & tous
« les passans peuvent assister à l'au-
« dience. L'accusateur & l'accusé
« sont debout avec leurs amis, qui
« sont comme les procureurs ou
« les cautions : l'accusateur parle
« le premier, l'accusé ensuite ; ils

» peuvent, de part & d'autre, par-
» ler & répliquer jufqu'à trois ou
» quatre fois. Le juge leur impofe
» filence alors, & prend l'avis des
» affiftans. Si les preuves font fuf-
» fifantes, il prononce la fentence,
» qui, dans certains cas, eft défi-
» nitive & fans appel. Le juge fe
» faifit du condamné & le retient
» jufqu'à ce qu'il ait exécuté fon
» jugement. Si le crime eft digne
» de mort, on livre le coupable à
» fes parties, pour en difpofer à
» leur volonté.

» La polygamie étant en ufage,
» la répudiation a lieu auffi, &
» les peines contre l'adultère n'ont
» rien de rigoureux. Une femme
» convaincue de ce crime, eft con-

» damnée à perdre tous ses biens
» & renvoyée hors de la maison
» de son mari, vêtue misérable-
» ment. On lui donne seulement
» une aiguille, afin qu'elle puisse
» gagner sa vie. Quelquefois on
» lui rase la tête entièrement, ou
» on lui laisse une touffe de che-
» veux sur le toupet; en cela on
» suit la volonté du mari, qui peut
» même la garder s'il le juge à
» propos, sinon l'un & l'autre se
» remarient ainsi que bon leur
» semble.

» Les femmes sont encore pu-
» nies lorsque leurs maris violent
» la foi conjugale; mais elles en
» sont quittes pour une amende
» pécuniaire, dont les maris sont

» obligés de payer une partie,
» qui eſt adjugée à la femme, quoi-
» que l'amende ſoit prononcée di-
» rectement contr'elle - même. A
» l'égard de l'amant qui a par-
» tagé le crime d'adultère, ſi le
» mari réuſſit à le convaincre,
» le galant eſt condamné à lui
» donner quarante vaches, qua-
» rante habits, & ainſi de diffé-
» rentes choſes, au nombre de
» quarante ; le coupable n'eſt-il pas
» en état de payer ? il demeure
» priſonnier à la diſcrétion du ma-
» ri, qui ne le relâche qu'après
» l'avoir fait jurer qu'il va cher-
» cher de quoi le ſatisfaire. En
» effet, le coupable fait apporter
» de la bierre, du vin, un mor-

» ceau de bœuf, & amène quel-
» ques-uns de ses amis. On mange,
» on boit tous ensemble aussi lar-
» gement qu'il est possible ; il fait
» des excuses au mari. Celui-ci ne
» pardonne pas d'abord, il remet
» seulement une partie de l'amen-
» de : on recommence à boire ; l'of-
» fenseur en revient aux excuses ;
» l'offensé remet encore une partie
» de la condamnation ; insensible-
» ment tout est pardonné, & les
» parties ensevelissent dans le vin
» le souvenir du motif qui les a
» rassemblées.

» Les mariages ne sont que des
» marchés conclus sous la condi-
» tion que, si l'un des contractans
» n'est pas content de l'autre, ils

» se sépareront & se remarieront
» à leur gré, emportant respecti-
» vement ce que chacun aura ap-
» porté à la communauté.

» Les revenus du Négusch d'Abys-
» sinie consistent en denrées que
» chaque province est obligée de
» fournir suivant la nature de ses
» productions. Les unes donnent
» de l'or, & on nous assure que
» ce souverain en retire plus de
» trois mille onces par an. Indé-
» pendamment de l'impôt particu-
» lier à chaque province, il y en
» a un général qui se perçoit dans
» tout l'empire ; c'est la dixme des
» vaches & des bestiaux ; & cette
» dixme est très considérable. Cha-
» que particulier qui a mille vaches

» est obligé, un jour de l'année, d'en
» ramasser tout le lait, d'en don-
» ner un bain à ses parens, & de
» les bien régaler. S'il a deux mille
» vaches, il donne deux festins &
» deux bains; s'il en a trois mille,
» trois bains; &, toujours ainsi un
» repas & un bain de lait par mille
» vaches; de sorte que, pour dire
» qu'un homme est fort riche &
» qu'il a tant de mille vaches, on
» dit, il donne tant de bains par
» année.

« » Il n'y a pas de monnoies dans
» l'empire d'Abyssinie, excepté
» dans certaines provinces occi-
» dentales, où il se trouve quel-
» ques pièces de fer & quelques-
» unes d'or, appelées *derime*. Dans
» tou'es

» toutes les autres, le commerce
» se fait par échange. Le principal
» trafic consiste en toiles de coton,
» en provisions de bouche, en bes-
» tiaux, comme vaches, brebis,
» chèvres, &c. en poivre, en or,
» que l'on donne au poids, & sur-
» tout en sel, qu'on peut appe-
» ler proprement la monnoie du
» pays. On le donne par morceaux
» longs de quatre ou cinq pou-
» ces, larges & épais de quatre
» doigts. Il hausse & baisse de prix,
» selon que l'on est près ou éloi-
» gné des lieux d'où on le tire.
» Auprès de la mine, on a cent
» morceaux de sel pour un écu;
» à la cour, on n'en a que dix;

» & dans certaines provinces, trois
» pour une *derime*.

» Les Abyssins sont d'un carac-
» tère doux & tranquille; ils vui-
» dent rarement leurs querelles par
» le fer, mais seulement à coups
» de poings, & avec quelques souf-
» flets; ils sont naturellement avides
» de sciences & assez bien disposés
» pour y faire des progrès; mais
» ces qualités morales ne sont pas
» communes à tous ces peuples &
» n'excluent pas un grand nombre
» de vices, tels que la perfidie,
» l'ivrognerie & la passion de la
» vengeance.

» Au reste, les différens royau-
» mes qui composent l'Abyssinie,
» renferment diverses nations ab-

» folument barbares, parmi lef-
» quelles celle des Galles tient le
» premier rang. Elle s'eſt rendue
» redoutable dans cette partie de
» l'Afrique, depuis l'an 1542 qu'elle
» ſe répandit en divers royaumes,
» mettant tout à feu & à ſang,
» détruiſant tout, & maſſacrant
» les habitans, ſans diſtinction d'âge
» ni de ſexe, dans tous les lieux
» où elle paſſoit.

» Voici le portrait qu'en fait un
» miſſionnaire portugais : Ils ſont
» vagabonds comme les arabes,
» ne vivent que de lait & de chair.
» Ils éliſent un roi tous les huit
» ans; ils n'ont aucune religion;
» ils croient néanmoins qu'au-deſ-
» ſus de leur tête il y a quelque

C ij

» être qui gouverne le monde ;
» mais on ne fait si, par cet être,
» ils entendent le soleil, ou le ciel,
» ou cet être créateur, qui a tiré
» l'un & l'autre du néant. Ils l'ap-
» pellent *Oul* en leur langue; ils font
» encore plus ignorans fur toute
» autre chofe. Leurs coutumes
» font si barbares & si contraires
» aux loix mêmes de la nature,
» qu'on pourroit prefque douter
» s'ils ont l'ufage de la raifon ».

LETTRE XXXVII.

Du Cap de Bonne-Espérance.

Pour suppléer, Madame, aux connoissances que je n'ai pu acquérir par moi-même, je continue à emprunter de mon futur compagnon de voyage, celles qu'il a recueillies & déposées dans son journal.

« Après avoir évité les écueils de la Mer-Rouge, & franchi avec le même bonheur toute cette partie de l'océan qui baigne la côte d'Ajan, le Zanguebar & le pays de Mozambique, je remontai, sur un petit bâtiment portugais, le Couama ou le Zambesé, qui ouvre l'entrée du Monomotapa, de ce pays dont on s'est plu à dire tant de choses extraordinaires.

» On comprend, sous le nom de Monomotapa, toute cette partie de l'Afrique orientale, qui s'étend entre le Zambesé & la rivière de Manica ou du Saint-Esprit, dans l'espace d'environ cent soixante lieues du midi au nord. Mais il s'élargit dans l'intérieur des terres, depuis les embouchures jusqu'aux sources de ces deux fleuves, qui en font une presqu'île non moins grande que la France.

» Le Zambesé se jette dans la mer par plusieurs embouchures ; mais sa source en est si éloignée, mais elle est si bien cachée, qu'on n'est point encore parvenu à la découvrir. Comme toute l'attention des Portugais fe borne à leur commerce, ils fe contentent de porter d'une main une balance pour pefer de l'or, de l'autre une aune pour mefurer du drap, s'occupant peu des inftrumens qui fervent à faire connoître le cours des rivières. Celle-ci a, comme le Nil, des cataractes qui coupent la navigation, & des débordemens réglés qui engraiffent & fertilifent les champs. On l'appelle Zambefé, du nom d'un village qu'il traverfe, & Couama, d'un fort fitué fur fes bords. Ce fleuve & le Manica, & toutes les rivières qui s'y déchargent, font célèbres par le sable d'or qui roule avec leurs eaux.

» Une grande partie de cette contrée jouit d'un air assez tempéré, & ne manque ni de fécondité, ni d'agrément. On y trouve de grands troupeaux de moutons, dont les habitans emploient la peau pour se couvrir. Le long du Couama, le pays est hérissé de montagnes, couvert de bois, & coupé par des ruisseaux, ce qui en rend la perspective fort agréable; aussi cette partie du Monomotapa est-elle la mieux peuplée; l'empereur même y fait sa résidence ordinaire.

» La capitale, qui porte le nom de cour (zimbaoé), peut avoir une lieue de circuit; mais les bâtimens sont si éloignés les uns des autres, que s'ils étoient réunis comme dans nos villes, ils n'occuperoient qu'un très-petit espace. Le palais du souverain a neuf enceintes, formées par des claies de bois, au lieu de murs. J'ai vu sa majesté impériale y faire elle-même travailler ses propres enfans. J'ai vu ces augustes enfans occupés à porter de la paille pour couvrir une maison de bois, que le prince venoit de faire construire. Il étoit vêtu alors de deux pièces d'étoffes, dont l'une lui formoit une écharpe, & l'autre, attachée par-derrière, comme un manteau, descendoit jusqu'aux jambes. Il porte communément à sa ceinture une petite hache, qu'on peut aussi appeler une petite bêche, car tantôt il en fait une arme militaire, tantôt un instrument aratoire : il est loin en effet de mépriser le labourage, puisque je l'ai vu congédier deux ambassadeurs portugais pour aller vaquer à la culture de son champ. Il a pour trône le seuil de sa porte, où il s'assied sans autre tapis qu'un filet de pêcheur. Ses appartemens mêmes n'ont pas d'autre tapisserie; & c'est pourtant au milieu de cet appareil modeste, que cette noire majesté se fait servir à genoux. Lorsqu'elle tousse, crache, éternue ou baille, on le fait aussi-tôt dans tous les quartiers de la ville. Ceux qui sont présens battent des mains, en imitant l'action du monarque; d'autres, qui les entendent, font comme eux, & cette comédie se joue presqu'en même-tems dans toute la ville. Quand ce prince sort, il tient dans sa main ses flèches, son arc, ou une lance, & devant lui marche toujours un tambour, qui avertit le peuple du passage de l'empereur.

» Ce prince a un grand nombre de femmes, dont plusieurs sont en effet ses sœurs ou ses parentes; mais elles ne sont ni difficiles à nourrir, ni chères à entretenir. Quelques voiles de coton qu'elles filent & fabriquent elles-mêmes, quelques grains de maïs qu'elles plantent, cultivent & apprêtent de leurs mains; un grand hangard & quelques nattes forment leur logement, leurs meubles, leurs habillemens & leur nourriture. Les faveurs du maître ne mettent entr'elles aucune distinction, hors le moment où il les appelle; il n'a pas même l'air de les connoître, à moins qu'elles ne deviennent mères. Alors on donne à celle que le sort a ainsi favorisée, un appartement particulier, pour y mettre au monde son enfant, le nourrir & l'élever. L'empire de la beauté ne peut être où règne la suprême laideur. Là, la destinée de la femme doit se borner à servir aux besoins de l'homme & à continuer l'espèce.

» Les principaux officiers de l'empereur font le gouverneur des royaumes, ou premier miniftre, le colonel-général ou chef de la guerre, & le capitaine des gardes, auxquels il faut joindre le premier maître-d'hôtel : les charges de grand-maître de la mufique, de chef des devins ou forciers, de premier apothicaire, de grand portier & de chef de cuifine, font remplies par les feigneurs du plus haut rang, c'eft-à-dire que là, comme dans nos cours d'Europe, les grands ne font que des valets. Aucun de ces officiers ne doit avoir plus de vingt ans. Après leurs fervices, ces jeunes gens font élevés aux premières dignités de l'état.

» L'origine, la succession & le nombre des empereurs du Monomotapa ne sont pas connus. Les portugais prétendent que ces princes existoient dès le tems de la reine de Saba, & que c'étoit d'eux qu'elle tiroit ses tresors. Le peuple n'a jamais connu l'usage de l'écriture. La tradition orale lui tient lieu de monumens historiques. On est persuadé que les empereurs, à leur mort, passent de la terre au ciel. Aussi, dans cet état de gloire, les invoque-t-on sous le nom de Muzimos, à peu près comme les catholiques honorent leurs saints ; on adore un dieu, mais on croit au diable dont on fait l'auteur du mal. La magie, le vol, l'adultère sont les crimes punis le plus févèrement.

» Ces peuples commencent le mois à la nouvelle lune, & ils le divifent en trois parties, chacune de dix jours ; le quatrième & le cinquième de chaque divifion font des jours de fête, & ceux où le prince donne audience. Il tient alors dans fa main un grand pieu fur lequel il s'appuie, & fe tient ainfi durant tout le jour, à la porte de fon palais. S'il eft malade, c'eft fon premier miniftre qui paroît en fa place. Quiconque vient à ce tribunal, fe profterne en arrivant, & dans cette pofture, attend la réponfe du monarque ou de fon lieutenant.

» Chaque jour de nouvelle

lune, l'empereur, environné de ses courtisans, & armé de deux lances, court dans le palais, comme avec le dessein de combattre. Sa course finie, on lui apporte un vaisseau plein de bled d'Inde bouilli, il le répand, & ordonne à tous les grands d'en manger. Ceux-ci se jettent dessus avec précipitation, & chacun en goûte pour faire sa cour.

» Mais la principale de toutes les fêtes est celle de la nouvelle lune de mai. Tous les seigneurs, qui sont en grand nombre, se rassemblent au palais, & donnent la représentation d'un combat devant le prince. Cet amusement dure tout le jour. L'empereur disparoît en-

suite pour une semaine entière.
Durant cet intervalle les tambours
ne cessent de battre, & la fête
se termine d'une manière barbare,
car, le dernier jour, le monarque
fait donner la mort aux seigneurs
pour lesquels il a le moins d'affection. Il les immole aux mânes
de ses ancêtres. C'étoit bien la
peine de commencer par se faire
valets, pour finir par être victimes! Alors les tambours cessent,
& chacun rentre dans sa maison.
Quelquefois, au lieu de la catastrophe qui ensanglante cette fête,
l'émpereur se contente de se laver
dans une cuve de vin, qu'il fait
boire à ses courtisans, pour les
unir à lui, & montrer qu'il ne veut

faire avec eux qu'un cœur & qu'une ame. Cette cérémonie se pratique au son des instrumens, & ensuite tout le monde se retire, la tête baissée & les jambes tremblantes.

» Les portugais ont eu pendant long-tems plusieurs comptoirs dans ce royaume : ils en ont même encore aujourd'hui, mais beaucoup moins, & ce sont les seuls européens qui y commercent. Ils en tirent de l'or & des dents d'éléphant ; & sous le nom de foires, ils ont des lieux marqués où les naturels du pays vont faire l'échange de leurs marchandises.

» Le bourg de Massapa, où se tenoit le principal marché de l'empire, est encore aujourd'hui la résidence d'un officier portugais, que nomme le gouverneur de Mozambique, du consentement de l'empereur. Cet officier porte le nom de capitaine des portes, parce que ce lieu est comme la porte, ou le passage qui conduit aux mines d'or.

» Non loin de Massapa, est une montagne très-riche en or, que les Caffres nomment Afura ou Ofur, & sur laquelle on voit les ruines de plusieurs édifices considérables. Suivant la tradition du pays, ce sont les restes des magasins de Salomon, ou de la reine de Saba, qui tirèrent, dit-on, de cette montagne tout l'or dont fut enrichi le temple de Jérusalem.

Ces bâtimens étoient formés de pierres enchassées les unes dans les autres avec beaucoup d'art. On ajoute qu'ils furent l'ouvrage des juifs employés sur la flotte d'Ophir.

» La ville de Sofala, ainsi appelée d'une rivière & d'une île de ce nom, est la capitale d'un pays qui a dépendu long-tems du Monomotapa. Le prince qui le gouverne aujourd'hui est tributaire du Portugal, & fait profession de la religion mahométane. Au commencent du seizième siècle, les portugais bâtirent sur cette côte, une forteresse qu'ils occupent encore, & qui les rend maîtres de tout le commerce de cette contrée,

Les habitans de Sofala sont un mélange d'Arabes mahométans, de Caffres idolâtres, & de Portugais chrétiens. Ces derniers possèdent encore les forts de Teté, d'Inhaquéa & de Sera. C'étoit comme autant de riches comptoirs où se faisoit autrefois le plus gros négoce de toute l'Afrique ».

LETTRE XXXVIII.

De Loanda.

Vous savez, Madame, que le Congo est le nom d'une grande région de l'Afrique, qui se divise entre quatre royaumes, appelés Loango, Congo, Bengala & Angola, & dont les bornes sont la ligne équinoxiale au nord, les royaumes de Macoco & d'Anzico, les Monſoles, les Jagas & le Matamba à l'orient, la Cafrerie au midi, & la mer au couchant. Mais ce que vous ignorez & ce que vous aurez peine à concevoir, même après la lecture de cette lettre, ce ſont les horreurs du naufrage qui m'attendoit au cap Ledo. Je vous en dois le récit fidèle, bien aſſuré qu'en retour j'obtiendrai de vous des larmes d'attendriſſement.

Depuis notre départ du Cap de Bonne-Eſpérance, dans une traverſée de plus de ſix cens lieues marines, nous avions joui d'une heureuſe navigation. Déjà depuis trois jours, nous appercevions devant nous la terre, un peu à côté sur la droite. Le capitaine & le pilote jugèrent que c'étoit le Cap Lédo; & dans cette suppofition, nous continuâmes notre route jufqu'à deux ou trois heures après le coucher du foleil, que nous nous crûmes au-delà des terres qu'on avoit reconnues. Alors changeant de route, on porta un peu vers le nord. Comme le tems étoit clair & le vent fort frais, le capitaine, perfuadé qu'on avoit doublé le Cap, ne mit perfonne en fentinelle fur les antennes. Les matelots de quart veilloient, à la vérité, mais c'étoit pour les manœuvres & pour fe réjouir ensemble avec tant de confusion, qu'aucun ne s'apperçut & ne se défia pas même du danger. Je ne sais quel pressentiment m'avoit fait passer une nuit si inquiète, qu'il m'avoit été impossible de fermer l'œil pour dormir. Dans cette agitation, j'étois sorti de ma chambre, & je m'amusois à considérer le navire, qui sembloit voler sur les eaux. En regardant un peu plus loin, j'apperçus tout-à-coup sur la droite, une ombre épaisse & peu éloignée de nous. Cette vue m'épouvanta ; j'en avertis le pilote, qui veilloit au gouvernail. Au même instant on cria de l'avant du vaisseau : *Terre, terre devant nous ! Nous sommes perdus ; revirez*

rez de bord. Le pilote fit auſſi-tôt pouſſer le gouvernail pour changer de route ; mais nous étions ſi près du rivage, qu'en revirant, le navire donna trois coups de ſa poupe ſur une roche, & perdit auſſi tôt ſon mouvement. Ces trois ſecouſſes furent très-rudes, & nous crûmes le vaiſſeau crevé. On courut à la poupe ; cependant, comme il n'étoit pas encore entré une ſeule goutte d'eau, l'équipage fut un peu ranimé.

On s'efforça de ſortir d'un ſi grand danger, en coupant les mâts & en déchargeant le vaiſſeau ; mais on n'en eut pas le tems. Les flots, que les vents pouſſoient au rivage, y portèrent auſſi le bâtiment.

Des montagnes d'eau, qui alloient se rompre sur les brisans avancés dans la mer, soulevoient le vaisseau jusqu'aux nues & le laissoient retomber sur les roches avec tant de vîtesse & d'impétuosité, qu'il ne put y résister long-tems. On l'entendoit craquer de tous côtés. Les membres se détachoient les uns des autres, & l'on voyoit cette grosse masse de bois s'ébranler, plier & se rompre de toutes parts avec un fracas épouvantable. Comme la poupe avoit touché la première, elle fut aussi la première enfoncée. En vain les mâts furent coupés & les canons jetés à la mer, avec les coffres & tout ce qui étoit de poids, pour soulager le corps du bâtiment ; il toucha si souvent, que s'étant ouvert enfin sous la sainte-barbe, l'eau qui entroit en abondance eut bientôt gagné le premier pont. Elle monta jusqu'à la grande chambre, & peu d'instans après, elle étoit à la hauteur de la ceinture sur le second pont.

A cette vue, il s'éleva de grands cris. Chacun se réfugia sur l'étage le plus haut du navire, mais avec une confusion qui augmenta le danger. L'eau continuant de monter, nous vîmes le vaisseau s'enfoncer insensiblement dans la mer, jusqu'à ce que la quille ayant atteint le fond, il resta quelque tems immobile dans cet état.

Il seroit difficile, Madame, de vous représenter l'effroi & la consternation qui se répandirent dans tous les esprits, & qui éclatèrent par des cris, des sanglots & des hurlemens. On se croisoit, on se heurtoit à tout moment l'un contre l'autre. Ceux qui avoient été ennemis se réconcilioient. Les uns à genoux ou prosternés sur le tillac imploroient l'assistance de Dieu; les autres jettoient à la mer tout ce qui leur tomboit sous la main. Les cris & le tumulte étoient si grands qu'on n'entendoit plus le fracas du vaisseau qui se rompoit en mille pièces, ni le bruit des vagues qui se brisoient sur les rochers avec une furie incroyable.

Cependant après s'être livrés à des gémissemens inutiles, ceux qui n'avoient pas encore pris le parti de se jeter à la nage, pensèrent à se sauver par d'autres voies. On fit plusieurs radeaux des planches & des mâts du navire. Les malheureux à qui la frayeur avoit fait négliger ces précautions, furent engloutis dans les flots, ou écrasés par la violence des vagues qui les jetoient sur les rochers du rivage.

Mes craintes furent d'abord aussi vives que celles des autres, mais lorsqu'on m'eût assuré qu'il y avoit quelque espérance de se sauver, je m'armai de résolution. J'avois deux habits assez propres que je vêtis l'un sur l'autre; m'étant mis ensuite sur quelques planches liées ensemble, je m'efforçai de gagner le bord à la nage. Notre capitaine l'homme de tout l'équipage & le plus robuste & le plus habile à nager, étoit déjà dans l'eau. Je l'atteignis, & nous arrivâmes tous deux à terre, presqu'en même tems. D'autres s'y étoient déjà rendus, mais ils n'avoient fait que changer de péril. Si ceux qui étoient restés dans le vaisseau pouvoient être noyés, il n'y avoit pas plus de ressource à terre contre la faim. Nous étions sans eau, sans vin, sans biscuits, & sans espérance de trouver même des fruits sauvages sur un long amas de roches nues.

Cependant je pris la résolution

de retourner, après le lever du soleil, au vaisseau, pour y prendre, s'il étoit possible, des rafraîchissemens. Les passagers de quelque rang avoient été logés sur le premier pont. Je m'imaginai que je trouverois dans leurs cabanes des choses précieuses, sur-tout de bonnes provisions de bouche. Je me remis donc le lendemain sur une espèce de claie, & je nâgeai heureusement jusqu'au vaisseau.

Il ne me fut pas difficile d'y aborder, parce qu'il paroissoit encore au-dessus de l'eau. Je vis, en arrivant, toutes les chambres remplies d'eau, de sorte que je ne pus emporter que quelques pièces d'étoffes d'or. J'y joignis une petite cave de six flacons de vin, & un peu de biscuits qui se trouvèrent dans la cabane d'un pilote. J'attachai ce petit butin sur la claie, & la poussant devant moi avec beaucoup de peine & de danger, j'arrivai une seconde fois au rivage, mais beaucoup plus fatigué que la première. J'y rencontrai quelques Nègres nuds, esclaves de riches passagers. Je fus tenté de leur confier la cave, mais prévoyant qu'elle ne dureroit pas longtems entre leurs mains, je la donnai à un portugais, qui, pendant la traversée, m'avoit témoigné beaucoup d'amitié, à condition néanmoins que nous en partagerions l'usage. Mais je reconnus bientôt combien l'amitié eſt foible, contre la néceſſité. Cet ami me donna un demi-verre de vin à boire pendant ce premier jour, dans l'eſpérance que nous trouverions une ſource ou un ruiſſeau. Mais lorſqu'il ſe vit preſſé de la ſoif, & qu'on craignit de ne pas découvrir d'eau douce pour ſe déſaltérer, en vain le preſſai-je de me communiquer un ſecours qu'il tenoit de moi, il me répondit qu'il ne l'accorderoit pas à ſon père.

Nous marchâmes tout le jour avec beaucoup de diligence à l'ardeur du ſoleil, dans l'eſpérance d'arriver à une partie de la côte, moins ſauvage; notre eſpérance fut trompée. C'étoit toujours des roches nues qu'il falloit traverser. La fatigue s'empara de moi, & la faim qui me pressoit étoit si cruelle, qu'ayant souhaité mille fois la mort, je résolus de l'attendre dans le lieu où je me trouvois. Pourquoi l'aller chercher plus loin avec de nouveaux tourmens? Mais ce mouvement de désespoir se dissipa bientôt à la vue de mes compagnons, qui n'étant pas moins abattus que moi, ne laissèrent pas que de se mettre en chemin, dans l'espérance de conserver leur vie. Je ne pus résister à leur exemple ; je repris l'exercice de mes jambes ; mais cette marche nouvelle acheva d'épuiser mes forces ; je fus contraint de me coucher sur un rocher ; je m'endormis. A mon réveil, je me sentis les jambes & les cuisses si roides, que je désespérai de pouvoir m'en servir ; cette extrêmité me fit reprendre la résolution à laquelle j'avois déjà renoncé. J'étois si déterminé à mourir, que j'en attendois le moment avec impatience, comme la fin de mes infortunes. Le sommeil me surprit encore dans ces tristes réflexions. Deux de mes compagnons qui me croyoient égaré, après m'avoir cherché assez long-tems, me trouvèrent enfin, & m'ayant éveillé, ils m'exhortèrent si vivement à prendre courage, que je quittai un lieu où je serois mort infailliblement sans secours. Nous rejoignîmes notre petite troupe, qui s'étoit arrêtée près d'une ravine d'eau. La faim qui nous pressoit tous, nous fit mettre le feu à des herbes demi-sèches, pour y chercher quelque lézard ou quelque serpent que nous puissions dévorer. L'un d'entre nous, qui s'étoit un peu éloigné, trouva des feuilles sur le bord de la ravine; il eut la hardiesse d'en manger, quelque amères qu'elles fussent, & sentit sa faim appaisée. Il vint aussi-tôt annoncer cette bonne nouvelle à toute la troupe, qui courut avec empressement à cette herbe, & qui en mangea avec avidité. Nous passâmes ainsi la nuit.

Le lendemain, nous partîmes de grand matin, persuadés que nous ne ne pourrions manquer ce jour-là de trouver quelqu'habitation. Cette idée renouvela nos forces. Il étoit déjà midi, & nous n'avions encore rien apperçu, quand tout-à-coup nous rencontrâmes la peau d'un buffle nouvellement écorché. Ce fut un tréfor pour nous. Nous nous en faisîmes, & après avoir allumé du feu pour la faire griller, nous en fîmes un excellent repas. Nous continuâmes notre marche jufqu'au moment où la nuit nous força de nous arrêter au pied d'une haute montagne. Là, nous tînmes conseil, & il fut décidé d'un commun accord, qu'on ne s'enfonceroit plus dans les terres, comme on avoit fait jufqu'alors, mais qu'on fuivroit la côte où l'on étoit fûr de trouver des moules ou d'autres coquillages, qui feroient du moins une reſſource continuelle contre la faim. Enfin, comme la plupart des fontaines, des ruiſſeaux & des rivières ont leur cours vers la mer, nous pouvions eſpérer d'avoir moins à ſouffrir de la ſoif.

A la pointe du jour nous reprîmes le chemin du rivage, où nous arrivâmes vers midi. Tout auprès étoit une petite île dans laquelle nous entrâmes ſans avoir beſoin de nager. Elle étoit preſque couverte de moules, avec une fort bonne ſource d'eau. Le parti fut pris d'y paſſer le reſte du jour & la nuit. L'abondance de la nourriture remit un peu nos forces. Le foir nous étant réunis, nous fûmes furpris de voir qu'il nous manquoit un de nos compagnons. On le chercha & dans l'île & au-dehors ; on l'appela par des cris, mais ces cris furent inutiles ; les forces l'avoient abandonné en chemin. L'extrême averfion qu'il avoit pour les herbes & pour les fleurs, que les autres mangeoient du moins fans dégoût, ne lui avoit pas permis d'en porter même à fa bouche. Il étoit mort de faim & de foibleffe, fans pouvoir fe faire entendre & fans être apperçu de perfonne.

Pendant notre féjour dans l'île, on remarqua certains arbres fecs & affez gros, qui étoient percés par les deux bouts. La soif qui nous avoit paru jusqu'alors un tourment cruel, nous inspira l'idée d'en tirer parti. Chacun se pourvut d'un de ces longs tubes, & l'ayant bien fermé par le bas, le remplit d'eau pour la provision du jour. Au lever du soleil nous sortîmes de l'île, & quelques heures après nous nous trouvâmes au pied d'une hauteur excessivement escarpée. Nous la grimpâmes avec beaucoup d'effort, & pendant tout le jour, les herbes & les fleurs qui s'y trouvoient en différens lieux nous servirent de nourriture. Vers le soir, en descendant le revers de la montagne, nous découvrîmes, à une demi-lieue de nous, une troupe d'éléphans qui paissoient dans une vaste campagne, mais qui n'étoient pas d'une grandeur extraordinaire. On passa la nuit sur le rivage au pied de la montagne. Le soleil n'étoit point encore couché ; on se répandit de tous côtés sans rien trouver qui pût servir d'aliment. De tous mes compagnons, je fus le seul à qui le hasard offrit de quoi souper ; j'avois cherché des herbes & des fleurs, & n'en ayant trouvé que de fort amères, je m'en retournois inutilement fatigué, lorsque j'apperçus un serpent ; il n'étoit pas plus gros que le pouce, mais il étoit aussi long que le bras. Je le poursuivis dans sa fuite, & je le tuai d'un coup de poignard. Nous le mîmes au feu, & nous le mangeâmes tout entier, fans en excepter ni la tête, ni la peau, ni les os. Il me parut d'un fort bon goût. Après cet étrange repas, nous nous endormîmes affez paifiblement.

Le lendemain nous décampâmes d'affez bonne heure. Cette journée me caufa d'étranges douleurs; non-feulement mes jambes fe trouvèrent roides & engourdies, mais elles commencèrent à s'enfler avec tout mon corps. Quelques jours après, il me fortit, fur-tout des jambes, une eau blanchâtre & pleine d'écume : cette évacuation dura tout le refte du voyage.

Ce voyage fut encore de fix jours, durant lefquels la faim fe fit le plus cruellement sentir à nous. Plus d'herbes, plus de feuilles d'arbres, plus de moules. Toute la côte étoit si déserte & si aride, qu'il ne s'y trouva qu'un petit nombre d'arbres secs. Alors nous prîmes tous ensemble le parti de nous laisser mourir. Tandis que nous étions réduits à cette affreuse extrêmité, nous apperçûmes trois Nègres qui marchoient droit à nous. Aux pipes dont ils se servoient, il nous fut aisé de reconnoître qu'ils avoient quelque commerce avec les Européens. A leurs gestes, & sur-tout à quelques mots portugais qu'ils prononcèrent, l'espérance rentra dans nos cœurs, & nous nous déterminâmes à les sui-

vre dans quelque lieu qu'ils vou-
lussent nous mener, par la seule
raison qu'il ne pouvoit nous arriver rien de pire que ce que nous
avions déjà souffert. D'ailleurs ils
avoient apporté avec eux un quartier de mouton, que la faim nous
obligea de leur demander. Ils nous
firent connoître que nous l'obtien-
drions pour de l'argent ; & jugeant
par nos signes que nous n'en avions
pas, ils nous témoignèrent qu'ils
accepteroient nos boutons d'habits, qui étoient d'or & d'argent.
Je leur en donnai six d'or ; ils
m'abandonnèrent aussi-tôt le quartier, que je fis griller & que je par-
tageai avec mes compagnons.

Ces guides inconnus nous pressoient fort de les suivre; ils marchoient quelque tems devant nous : notre lenteur les impatientant, ils revenoient à nous pour nous exciter. Ils nous menèrent camper, vers midi, au pied d'une hauteur. Le chemin avoit été fort rude. A la vérité, nous étions tous dans un misérable état. Il n'y avoit pas un de nous qui n'eût le corps très-enflé, particulièrement les cuisses & les pieds. En un mot, nous étions si défigurés, que nous nous faisions peur les uns aux autres. Vous concevez, Madame, que dans ce triste état, il nous étoit impossible de faire diligence. Deux de nos guides, impatientés de cette lenteur forcée, se détachèrent de

E v

nous & prirent les devans d'un pas très-rapide. Le troisième demeura près de nous sans s'écarter jamais. Il s'arrêtoit même à chaque occasion, aussi long-tems que nous paroissions le desirer. Nous employâmes le reste de la journée à le suivre avec une fatigue & des peines qui nous semblèrent beaucoup plus insupportables que les précédentes. Il falloit incessamment monter & descendre par des lieux dont la seule vue nous effrayoit. Notre guide, accoutumé à grimper sur les hauteurs les plus escarpées, avoit peine lui-même à se soutenir dans plusieurs passages. Deux d'entre nous lui voyant prendre le chemin d'une montagne si rude, qu'ils la croyoient inacceffible, formèrent la réfolution de l'affommer, dans l'idée qu'il ne nous y menoit que pour nous y faire périr. Je leur fis honte de ce cruel deffein; je leur repréfentai que ce bon Africain nous fervoit fans y être ob'igé, & que dans notre fituation, l'ingratitude feroit le plus horrible de tous les crimes. Comme les difficultés qui étonnent à la première vue, s'applaniffent lorfqu'on les envifage de près, ces mêmes lieux, qui nous fembloient fi dangereux dans l'éloignement, prenoient une autre face à mefure que nous avancions, & les pentes devenoient plus faciles. Enfin, malgré la laffitude, la faim & la foif, il n'y avoit pas d'obstacle que notre courage ne nous fît surmonter.

Pendant ce tems, nous nous estimions heureux de rencontrer certains petits arbres verds, dont les feuilles avoient une aigreur appétissante. Les grenouilles vertes nous paroissoient aussi d'un fort bon goût ; nous en trouvions souvent, sur-tout dans les lieux couverts de verdures. Les sauterelles nous plaisoient moins ; mais l'insecte qui nous parut le plus agréable, ce fut une espèce de grosse mouche, ou de hanneton fort noir, qui ne vit que dans l'ordure, & que nous trouvions en grand nombre sur la fiente des éléphans. L'unique préparation qu'on employoit pour les manger, c'étoit de les faire griller au feu. J'avoue ingénuement que je trouvai à ce mets un goût merveilleux. Ces connoissances peuvent être utiles à ceux qui auront le malheur de se trouver réduits aux mêmes extrêmités.

Enfin, le troisième jour après l'heureuse rencontre des Africains, en descendant une colline, vers six heures du matin, nous apperçûmes quatre personnes sur le sommet d'une montagne qui étoit devant nous & que nous avions à traverser. Comme elles venoient à nous & que nous marchions vers elles, nous fûmes bientôt réunis. C'étoient deux Portugais avec les deux Nègres qui nous avoient quittés en chemin. Le transport de notre joie fut proportionné à toutes nos misères passées. Nous ayant invités à nous asseoir, ils firent approcher les Nègres qui les accompagnoient chargés de quelques rafraîchissemens qu'ils nous avoient apportés. A la vue du pain frais, de la viande cuite & du vin, nous ne pûmes modérer les mouvemens de notre reconnoissance. Les uns se jetoient aux pieds des Portugais & leur embrassoient les genoux : les autres les nommoient leurs pères, leurs libérateurs. Pour moi, je fus si pénétré de cette faveur inestimable, que je voulus leur faire voir sur le champ le prix que j'attachois à leurs généreux soins. J'avois un gros diamant enchaffé dans une bague d'or. Je leur en fis préfent pour les remercier de la vie dont je croyois leur avoir obligation.

Mais ce qui vous paroîtra furprenant, Madame, c'eft qu'après avoir bu & mangé, nous nous fentîmes tous fi foibles & dans une fi grande impoffibilité d'aller plus loin, qu'aucun de nous ne put fe lever qu'avec des douleurs incroyables. En un mot, quoique les Nègres nous repréfentaffent qu'il ne reftoit qu'une heure de chemin jufqu'à leurs habitations, où nous nous repoferions à loifir, perfonne n'eut ni affez de force ni affez de courage pour entreprendre une marche fi courte. Nos généreux guides, reconnoissant que nous n'étions plus capables de faire un pas, nous quittèrent pour aller chercher des voitures. En moins de quatre heures nous les vîmes revenir avec un grand charriot traîné par deux bœufs. Nous nous plaçâmes sur cette voiture, qui nous porta au-delà du Coenza à une habitation portugaise; elle n'étoit éloignée que de deux lieues. Nous y passâmes la nuit couchés sur la paille, avec plus de douceur qu'on n'en peut ressentir au milieu du luxe de l'opulence. Mais le lendemain à notre réveil, quelle fut notre joie de nous voir désormais à couvert des effroyables souffrances que nous avions essuyées !

A peine étions-nous éveillés, que nous vîmes paroître plusieurs soldats envoyés par le gouverneur pour nous servir d'escorte, & plusieurs chevaux qui devoient nous porter; mais nous étions si malades, que nous n'osâmes nous en servir. Nous reprîmes donc notre charriot, & dans cet équipage, nous nous rendîmes au fort S. Philippe, bâti par les Portugais au royaume de Bengala, dans l'empire du Congo.

LETTRE XXXIX.

De Loanda.

LA ville S. Philippe, Madame, n'est qu'un amas de cabanes de terre. La malignité de l'air en rend le séjour très-mal-sain. On reconnoît ces mauvaises qualités, ainsi que celles de l'eau & des alimens du pays, à l'extrême pâleur des Européens qui ont le malheur d'y avoir des établissemens. Leur voix est foible & tremblante, comme s'ils touchoient au dernier moment de leur vie, & leur respiration entrecoupée, comme s'ils la retenoient entre leurs dents.

La baye des Vaches, sur laquelle

est situé le fort S. Philippe, tire son nom de la multitude de ces animaux qui se trouvent dans les cantons voisins. Les Nègres de cette contrée n'ont aucune espèce de gouvernement, & sont sujets à tous les vices qu'entraînent après soi l'indépendance & la barbarie. On les accuse cependant d'un rafinement de débauche peu connu des nations barbares. Ils nourrissent de jeunes garçons habillés en femmes, comme en entretenoient Athènes & Rome dans des siècles polis & corrompus. Il y a grande apparence qu'ils tiennent cet usage des Portugais; car on assure que pour des crimes odieux, le roi de Portugal envoie les bannis à Bengala, comme dans l'endroit le plus infect de ses états, & que ces misérables proscrits sont les plus corrompus de tous les hommes.

Il est une autre province qu'on regarde comme un démembrement du royaume de Congo. Les Européens l'ont appelée Angola, d'un seigneur Nègre qui l'usurpa sur cette couronne vers le milieu du 16ᵉ siècle. Ce seigneur, avec le secours des Portugais, s'érigea en souverain absolu, & obligea tout le pays à le reconnoître pour roi. Il transmit son trône à ses descendans ; mais la guerre s'étant élevée entr'eux & les sujets de la couronne de Portugal, ceux-ci s'emparèrent de toute la côte & de plufieurs places dont ils ont confervé la poffeffion. La contrée eft divifée en plufieurs diftricts, gouvernés fous l'autorité d'un roi par des chefs particuliers, qui portent le nom de *Sovas*. Il y a de ces diftricts qui font fi peuplés, qu'on ne fait pas deux ou trois milles, fans rencontrer un village. Chaque chef veille fi foigneufement à la confervation de fes limites, & fes limites font fi bien établies, qu'on ne fe plaint jamais d'aucune ufurpation. La plupart des provinces n'ont ni bois ni forts qui puiffent leur fervir de défenfe; mais les habitans ont un rempart afsuré dans l'excellence de leur difcipline. Le roi d'Angola fait sa résidence ordinaire sur une montagne qui a environ huit à dix lieues de tour, & où l'on ne peut pénétrer que par un seul passage. La campagne, qui est riche & fertile, lui fournit des provisions en abondance. Les Portugais exagèrent selon leur usage, quand ils disent que ce prince peut mettre un million d'hommes sous les armes.

Deux sortes d'habitans peuplent le royaume d'Angola, les Portugais & les Nègres. Ces derniers se subdivisent en quatre classes; les nobles d'abord, ensuite les personnes libres, tels que les artisans & les laboureurs; en troisième lieu, les serfs naturels du pays, & enfin les esclaves qui s'acquièrent par la guerre ou par le commerce. Les Nègres du second ordre peuvent mériter, par leur mauvaise conduite, d'être condamnés à la servitude. Un noble, par exemple, qui découvre dans quelques-uns de ses vassaux le dessein de lui nuire, a droit non-seulement d'en faire son esclave, mais de réduire sa femme & tous ses parens à la même condition.

On ne connoît ici qu'une sorte de punition pour les crimes; c'est l'esclavage au profit du juge. Les formes de la justice se bornent à la déposition de l'accusateur, qui est immédiatement suivie de la sentence. Il y a des femmes, qui, d'intelligence avec leurs époux, emploient tous les artifices de leur sexe, pour attirer d'autres hommes dans leurs bras, & les livrent ensuite au mari qui les emprisonne pour les vendre à la première occasion, sans avoir aucun compte à rendre de cette violence.

Tous les ans les Portugais emmènent du royaume d'Angola plus de quinze mille Nègres, pour la culture de leurs colonies d'Amérique. Lorsque ces Nègres arrivent de l'intérieur sur la côte, ils sont ordinairement fort maigres, parce qu'on les nourrit fort mal durant le voyage, & qu'on ne leur donne, la nuit, que le ciel pour couvert, & la terre pour lit. Mais avant de les embarquer, la coutume

tume est de les bien traiter dans une grande maison destinée à cet usage. S'il ne se trouve point de vaisseaux prêts à les recevoir, ou s'ils ne sont pas en assez grand nombre pour former une cargaison complette, on les emploie à la culture des terres. Lorsqu'ils sont à bord, on prend un soin extrême de leur santé. Ils sont pourvus de remèdes, & principalement de blanc de plomb & de limons, pour les garantir du scorbut. Si quelqu'un d'entr'eux tombe malade, on le loge à part & on lui fait observer un régime salutaire.

Les marchandises que les Portugais donnent en échange pour ces esclaves, ce sont des étoffes & des toiles, des velours, des galons d'or & d'argent, des eaux-de-vie, des huiles, des couteaux, des épées, des sucres, des tapis de Turquie, des fils, des aiguilles, des épingles, des colliers de verre, des sonnettes, des queues de cheval, dont les Nègres font grand cas, & jusqu'à des chiens dont la chair est pour eux un mets si friand, qu'ils la préfèrent à toute autre viande. On a vu donner jusqu'à six Noirs pour un chien ; mais l'usage le plus ordinaire est de donner un chien pour deux Nègres.

En général, les habitans d'Angola n'amassent point de richesses, & vivent à peu de frais. Ils se contentent de millet, de quelques bestiaux, & de leur vin de palmier; car les bords de la mer étant sablonneux, sont de peu de rapport ou tout-à-fait stériles.

Les domaines que les Portugais possèdent ici, s'étendent le long de la côte, & occupent toute la partie occidentale de cette province. Ils sont divisés comme ceux du Brésil, en plusieurs capitanies défendues par des forts, où l'on entretient toujours une garnison. La ville de Loanda, qui porte aussi le nom de S. Paul, à cause de Paul Diaz, premier gouverneur de cette colonie, en est la capitale. Les Portugais la bâtirent en 1578, sur une colline, où elle s'étend comme un amphithéâtre, depuis le sommet jusqu'à la mer. Elle est grande & assez belle pour le pays. On y compte trois mille maisons d'Européens construites en pierre & couvertes de tuiles, avec un plus grand nombre de logemens de Nègres, qui ne sont que de bois & de chaume. La ville est remplie d'églises & de monastères, mais elle n'a ni murs ni fortifications, à la réserve de quelques redoutes élevées sur le rivage pour la défense du port.

On distingue diverses sortes d'Européens établis à Loanda; d'abord les eccléfiastiques & les moines, ensuite les officiers de guerre & de judicature, en troisième lieu, les négocians, & enfin les malfaiteurs bannis par les cours de justice, parmi lesquels on compte un grand nombre de Portugais de race juive envoyés en Afrique par les tribunaux du Saint-Office.

Les Mulâtres, qui sont ici fort nombreux, portent aux Noirs une haine mortelle, qu'ils font sentir à leurs propres pères, puisqu'ils se permettent de les maltraiter sans ménagement & sans scrupule. Toute leur ambition est de se mettre dans une espèce d'égalité avec les blancs; mais les blancs ont grand soin d'abaisser tant d'orgueil; & loin de les regarder comme leurs égaux, ils ne leur permettent pas même de s'asseoir devant eux. Les femmes mulâtres, dont le père est inconnu, ne doivent porter ni pagne ni chemife, & la loi ne leur accorde d'autres vêtemens qu'une pièce d'étoffe qu'elles attachent fous les bras. Les hommes ont des bas & des culottes, & c'eft à quoi fe borne leur vêtement. Ils peuvent fe faire prêtres ou foldats, mais jamais ils ne parviennent ni au grade d'officier, ni à aucune place de prélature. Tout Mulâtre qui s'engage au fervice militaire, exige des Nègres autant de refpect que les blancs. S'il voyage, il fe fait porter dans un hamac, & lorfque les chefs des villages ne fe hâtent pas de lui en procurer, il s'emporte contr'eux aux plus grands excès; fur la route, il fe croit en droit de prendre pour lui tout ce qu'il trouve d'alimens chez les noirs & s'il entend quelque murmure autour de lui, il ajoute les coups au pillage. Quant au Mulâtre qui embrasse le commerce & se fait marchand d'esclaves, il s'abandonne à d'autres excès. Il abuse de toutes les jeunes filles qu'il peut séduire, & lorsqu'il retourne quelques années après dans les mêmes lieux, il enlève les enfans dont il est le père, les vend & s'enrichit ainsi de son propre sang. Ce désordre est autorisé par l'exemple même des Portugais, qui joignent à une affreuse dissolution la coutume barbare de vendre les enfans qu'ils ont eus de leurs Négresses.

Tous les noirs de Loanda & des

autres possessions portugaises, sont réduits à la servitude, à l'exception de quelques anciens habitans, qui, en vertu des premières capitulations, ont conservé leur indépendance. Ces esclaves sont employés à la culture des terres, à la pêche, à la construction des maisons & à d'autres travaux. Un blanc ne sort jamais sans être suivi de deux Nègres chargés de son hamac, & d'un troisième qui tient un grand parasol sur la tête de son maître. Les femmes ne paroissent que dans un hamac avec une escorte nombreuse, qui ne leur parle qu'à genoux. Le hamac est couvert d'un tapis, & le cortege composé au moins de douze personnes. Deux

Nègres portent la voiture, deux autres tiennent les parasols; quatre femmes soutiennent les coins du tapis, & quelques autres vont à la suite. Si c'est à l'église que la dame se fait conduire, le même tapis sert à son orgueil, lorsqu'elle se met humblement à genoux devant l'autel.

Le gouvernement de Loanda & des autres parties qui reconnoissent la domination portugaise est entre les mains d'un vice-roi, de deux bradors qui sont ses conseillers, d'un président pour l'administration de la justice, de deux juges inférieurs & d'un secrétaire. Les chefs Nègres, soumis à la colonie, paient au gouverneur un tribut annuel d'esclaves, & lui rendent d'autres services à titre de vassaux. On les oblige encore de fournir aux Portugais, dans leurs voyages, des porteurs pour leurs hamacs, des provisions de bouche, & tous les autres secours dont ils ont besoin. Le tribut que paie chaque Sova est affermé à divers traitans, qui, selon le caractère dur des gens de cette profession odieuse, se rendent détestables par leurs vexations. Leur chef, appelé Côntractador, tient son bureau à Loanda, où il exerce aussi la fonction de consul, & il juge en dernier ressort de toutes les contestations qui regardent le commerce.

L'île de Loanda, située à un

demi-quart de lieue du rivage, en face de la cité, donne son nom à la ville & à la province. On pêche sur ses bords de petits coquillages appelés zinbis, qui servent de monnoie. Cette pêche appartient au roi de Portugal, qui en retire de grands profits, & elle procure aux habitans toutes sortes de provisions. La longueur de l'île est de six ou sept lieues, & sa largeur de quelques milles. On y a bâti plusieurs villages, dont le plus considérable porte le nom de S. Esprit. La plupart sont habités par les Nègres ; mais les Portugais de Saint-Paul de Loanda y ont des églises, & sur-tout des maisons de plaisance, qui sont des habitations délicieuses. Le terroir est stérile en grains, mais les oranges, les citrons, les grenades, les figues, les bananes, les noix de coco, le raisin & d'autres fruits y croissent abondamment. C'est de cette île, qu'en creusant la terre à un pied de profondeur, on tire la meilleure eau du pays. Si cette propriété vous semble étrange, vous ne serez pas moins surprise de celle de l'eau, qui n'est jamais plus douce que dans la haute marée, ni plus salée qu'au départ des flots. Le canal qui sépare l'île de la côte, forme un port excellent : ce passage est si étroit, que les Nègres le traversent à la nage.

Entre plusieurs rivières qui arrosent

sent le royaume d'Angola, celle de Coënza, dont on ignore la source, le parcourt dans presque toute son étendue. Elle a une lieue & demie de largeur à son embouchure, mais on ne la peut remonter que jusqu'à soixante lieues, à cause des cataractes qu'on y rencontre. Les sables accumulés dans son canal ont formé plusieurs îles, dont quelques-unes ont trois ou quatre lieues de longueur. Ce pays n'a été défriché, du moins dans une certaine étendue, qu'en 1630. Un gouverneur de la colonie, nommé don Ferdinand, ordonna aux habitans de cultiver chacun une portion de terre, suivant le nombre de leurs esclaves. Il fallut employer l'autorité & les menaces, & user de violence pour le rendre heureux.

LETTRE XL.

De San-Salvador.

On ne compte, Madame, que soixante lieues du port de Loanda à la grande & belle rivière qui traverse le royaume de Congo; aussi n'ai-je employé que deux jours à faire ce trajet par mer. Ce fleuve, qui se décharge par une embouchure de dix à douze lieues de largeur, tombe avec tant d'impétuosité, que ses eaux se frayent une route particulière, sans se mêler à celles de l'Océan ; en sorte qu'on les distingue par leur couleur à plus de douze lieues de la côte. Les naturels l'appellent Congo, les Portugais, Zayre, & on lui donne indifféremment ces deux noms. Il n'est navigable que l'espace de neuf lieues, jusqu'à une cataracte formée par d'énormes rochers qui le resserrent, le traversent, & d'où il se précipite avec un bruit épouvantable. Entre l'embouchure & cette cataracte, le canal est divisé par de grandes îles, qui appartiennent à divers seigneurs, sous l'autorité du roi de Congo. Cette dépendance du même souverain n'empêche pas que ces insulaires ne s'entrenuisent souvent par des attaques soudaines à l'aide de leurs canots, composés d'un seul tronc d'arbre d'une grosseur extraordinaire.

Ces îles sont très-peuplées, & cependant on y apperçoit peu de maisons. Comme une grande partie des terres est souvent submergée par le fleuve, les Nègres se réfugient sur les arbres, où ils se font des logemens qui ressemblent à des nids d'oiseaux. Les canaux entretiennent la communication.

Arrivé à la cataracte, je pris ma route par terre, & j'arrivai à San-Salvador, capitale de tout le royaume, autrefois nommé Banza ou Cour Royale. Cette ville est éloignée de la mer d'environ cinquante lieues & située sur une montagne, dont les flancs paroissent n'offrir que des rochers; mais dont le sommet est une plaine de trois lieues de circonférence, parfaitement cultivée & couverte d'habitations. La vue de ce lieu est si agréable, que les Portugais l'ont appelé *otheiro*, qui signifie perspective. Le terroir est fertile en toutes sortes de grains, & se couvre d'un grand nombre de tamarins, de palmiers, d'orangers, & d'autres arbres qui conservent une verdure perpétuelle. Quoique fort escarpée du côté de l'est, la montagne verse quantité de sources, qui, courant en ruisseaux, font de ce séjour un lieu délicieux. Une rivière qui coule au bas, répand la fertilité dans les champs voisins, & donne tant d'agrément au paysage, que la plupart des habitans de cette capitale ont des maisons de campagne & des jardins sur le bord de la rivière.

- Ce que San-Salvador présente, de plus remarquable, c'est le palais du roi & le quartier des Portugais, l'un & l'autre environnés d'une muraille. L'espace qui les sépare contient une grande place qui sert de marché, & au fond de laquelle plusieurs seigneurs ont leurs hôtels. Les rues sont larges & bien distribuées, les édifices spacieux, réguliers & commodes, mais couverts de chaume, à l'exception de ceux des Portugais. Le palais du roi est un composé d'appartemens, de salles & de galeries, très-vastes à la vérité, mais ornés seulement de nattes suspendues au mur en forme de tapisseries. Cependant il y a des salons & des cabinets décorés avec assez de magnificence pour le pays. On porte à quatre mille le nombre des blancs qui habitent cette capitale, & celui des noirs à cinquante mille. Comme beaucoup de maisons de seigneurs & de riches Portugais sont hors de l'enclos, il n'est pas aisé de déterminer la grandeur de la ville; mais tout le sommet de la montagne, rempli de villages & de fermes, ne forme qu'une seule & vaste cité, qui contient plus de cent mille ames.

Autrefois le roi & les grands étoient vêtus à l'ancienne manière du pays; mais depuis l'arrivée des Portugais, ils ne s'habillent plus qu'à l'européenne. L'ancien habit consistoit en un tissu d'écorce de palmier, qui ne couvroit que les reins & les cuisses. Les personnes d'un rang distingué mettoient pardessus un second tablier, composé de peaux de tigres, de civettes ou de martres. A ce léger vêtement, on joignoit une sorte de capuchon, qui couvroit la tête & l'extrêmité des épaules, ainsi qu'une chemise de toile façonnée en surplis & tressée comme nos filets; en un mot, la plupart marchoient pieds nûs, ou n'avoient que des sandales de bois. L'habit moderne est composé d'une cappe espagnole, d'un chapeau de castor, d'une veste de soie, de pantoufles de velours ou de maroquin, de bottines, & d'une longue épée à la Castillane. Les dames imitent aussi les modes de Lisbonne, & se font des mantes & de longues juppes avec nos plus riches étoffes. Cependant les pauvres ont retenu l'ancien habit, c'est-à dire, le tablier de feuilles de palmier, qui descend de la ceinture aux genoux, & laisse le reste du corps à découvert. Les femmes du peuple en ont un plus grand qui tombe sur leurs pieds.

Les habitans de Congo sont plus fidèles aux usages de leurs ancêtres en ce qui concerne les alimens. Les grains du pays & les racines.

composent le principal fond de leur nourriture. Quoiqu'ils aient différentes sortes de viandes, celle de boucherie, & la volaille sont fort rares : un poulet vaut une pistole à San-Salvador; mais ce peuple s'accoutume sans peine aux mets les plus communs. Un Anglois qui voyage, ne vit que d'eau & de racines.

J'oubliois de vous dire, Madame, que le roi de Congo a une parure de tête qui lui est particulière. Il se montre couvert d'un bonnet blanc, ainsi que tous les *figaldos* ou gouverneurs qu'il honore de ses bonnes graces. C'est une marque si certaine de faveur, qu'au moindre mécontentement il la fait ôter à ceux qui lui déplaisent. En un mot, le bonnet blanc est un caractère de noblesse & de chevalerie au Congo, comme la toison d'or & le Saint-Esprit en Europe.

Ce bonnet blanc exerce quelquefois une puissance vexatoire sur les Congois; il sert au roi à grossir ses trésors. Lorsqu'entouré des seigneurs qui forment son cortege, le roi sort couvert de ce bonnet, il se fait apporter un chapeau dans sa marche, & s'en sert un moment; ensuite, redemandant son bonnet, il le met si négligemment, qu'il peut être abattu par le moindre vent. S'il tombe en effet, les fidalgos s'empressent de le ramasser;

mais le roi, comme offensé de cette disgrace, refuse de le recevoir, & retourne au palais fort mécontent. Le lendemain, il fait partir deux ou trois cens soldats, avec ordre de lever sur les peuples une grosse imposition, & tout le royaume est ainsi forcé d'expier la faute du vent.

L'empire despotique du roi de Congo rend sa puissance militaire fort redoutable à ses voisins; au moindre signe, il peut lever des armées nombreuses. La discipline militaire est un art ignoré parmi ces troupes, & leur manière de combattre répond très-bien à leur imbécillité & à leur lâcheté naturelles. La succession au trône n'a point d'ordre établi ; c'est la volonté des grands qui la règle, & quelquefois les neveux font admis à l'exclusion des enfans. Les rois de Congo faisant profession du christianisme, ils n'ont qu'une seule femme en titre, mais les remontrances du clergé ne les empêchent point d'entretenir un grand nombre de concubines, parmi lesquelles il se commet beaucoup de désordre.

Des différens traits épars dans cette lettre, il vous est aisé de connoître, Madame, quelle est l'autorité du roi de Congo sur la vie & les biens de ses sujets. Vous pressentez du moins qu'elle est absolue. En effet, ils n'approchent de lui qu'aavec des marques extraordinaires de respect & de soumission. La propriété des terres, appartient à lui seul. Les enfans d'un père de famille n'héritent que de ses esclaves & de ses troupeaux. Sans le consentement du prince, ils ne peuvent jouir des terres de leur père. Les plus grands seigneurs sont assujettis à cette loi, qui les rend tous esclaves du monarque. Le conseil de Congo n'est composé que de dix à douze personnes, qui sont dans la plus haute faveur auprès du roi, & sur lesquelles il se repose de l'administration de la justice, de la rentrée de ses tributs & de l'exécution de ses ordres.

Chaque district ou province est

gouvernée par un des principaux seigneurs du royaume, sous le nom de *Mani*, & se divise en plusieurs petits cantons, qui ont aussi leur mani particulier, d'un rang inférieur. Tous ces manis connoissent des affaires civiles. Comme il n'y a point de loix écrites, ces juges n'ont pour règles, dans l'exercice de leur jurisdiction, que leur caprice ou l'usage. Leurs sentences ne vont jamais plus loin que l'emprisonnement, ou l'amende. Dans les matières importantes, les accusés en appellent au roi, seul juge des causes criminelles. Si la conviction d'un crime n'est pas évidente, on a recours à différentes épreuves barbares qui servent à faire condamner ou abfoudre l'accufé.

Il faut maintenant vous parler, Madame, du climat & des productions naturelles du Congo. Quelque étendu qu'il foit, ce royaume voit peu de variété dans l'ordre des faifons. La différence des jours & des nuits n'eft que d'un quart=d'heure pendant toute l'année. L'été commence au mois d'octobre & finit au mois de mars. L'hiver, qui lui fuccède, n'en diffère que par les pluies continuelles qui tombent en avril, mai, juin, juillet & août. C'eft dans cette dernière faifon que pouffent les arbres, les herbes & les plantes ; raifon pour laquelle le P. Labat l'appelle l'été, & donne le nom d'hiver au tems fec, qui fait tomber la plus grande partie des feuilles. L'air paroît tout en feu ; il est chargé de nuages épais & enflammés ; il éclaire d'une manière épouvantable : on diroit qu'on va voir un second déluge, & cependant il ne tombe pas une goutte d'eau. On a remarqué que cela arrive ordinairement dans le décours de la lune ou lorsqu'elle se renouvelle.

La fertilité de ce royaume n'est pas égale en tous lieux. Les bords de la mer, étant sablonneux, sont de peu de rapport ou tout-à-fait stériles. Les autres cantons sont généralement d'un bon produit. Le sol y est noir & profond : on y sème différentes sortes de grains, tels que le bled farrafin de deux fortes, le mil, les fèves, des pois, & fur-tout du gros mil connu en France fous le nom de bled de Turquie; la récolte fe fait deux fois par an, & ce font les femmes qui en font chargées feules, ainfi que de tous les autres travaux champêtres & domeftiques. Mais quel travail peut-on efpérer d'un fexe foible & délicat, qui eft de plus obligé d'élever les enfans, & chargé de tous les embarras du ménage? Les Nègres d'Afrique, bien différens des fauvages de l'Amérique, qui fe chargent des gros travaux, les laiffent tous aux femmes. On voit avec compaffion ces foibles créatures portant un enfant fur le dos, labourer les terres, les enfemencer, faire les récoltes, couper le bois, aller chercher l'eau & faire la cuifine, &c. &c., pendant que les hommes fument, chantent ou dorment, boivent & mangent la plus grande partie du jour & de la nuit. On voit ces pauvres femmes abattues par la foibleffe, par la chaleur, & fouvent par la faim, être obligées de fe repofer & de fe coucher par terre, dès qu'elles ont donné quatre ou cinq coups de hoyau, & répéter fans ceffe le trifte refrain, *imia fuenfalo*, c'eft-à-dire, je meurs de faim.

Outre les grains que nous avons nommés, on y voit encore plufieurs légumes inconnus en Europpe, la racine de manioc, dont on fait la caſſave en Amérique, les batates ou patates, des navets & toutes nos plantes potagères, dont il paroît que les Portugais ont porté les graines. Les melons, les citrouilles, les ananas paroiſſent naturels à cette contrée, & y ont un excellent goût. Les lys, les jacinthes, les tubéreuſes & d'autres fleurs très-agréables croiſſent ici ſans culture & ornent les campagnes & les forêts.

Parmi une multitude d'arbres, d'une groſſeur & d'une hauteur ſi démeſurée, qu'un ſeul ſuffit à la conſtruction d'une maiſon & d'un canot, je n'en décrirai aucun, parce qu'ils ne m'ont offert rien de bien admirable. Il fuffit de dire que les uns fourniffent des écorces qui fervent d'étoffes aux habitans, les autres, des fils propres à faire des filets & des tiffus affez fins, & une fubftance laineufe qu'on emploie au lieu de plumes pour faire des lits, des couffins & des oreillers.

Les différens palmiers qui comprennent les dattiers & les cocotiers, les limoniers, les orangers, les citronniers & les figuiers-bananiers y font communs, & leurs fruits excellens. Le cotonnier y vient fans culture, ainfi qu'une grande quantité d'arbres aromatiques & autres, propres aux ufages de la médecine. La vigne y donne du fruit deux fois l'année;

mais on n'a pu parvenir à en tirer du vin, parce que l'excès de la chaleur du jour concourant avec l'humidité de la nuit, sert moins à mûrir le raisin qu'à le faire pourrir.

Voici maintenant tout ce que j'ai pu recueillir sur le genre animal de Congo. A la tête de ce règne paroît le pongos, dont vous savez, Madame, que des philosophes, & non pas des sages, ont voulu faire une variété de l'espèce humaine. Il est vrai que les pongos ont beaucoup de ressemblance avec l'homme, mais ils sont plus gros. Ils marchent droit en tenant de la main le poil du cou; leur retraite est dans les bois. Ils dorment sur les arbres, & s'y font une espèce de toît qui les met à couvert de la pluie. Leurs alimens sont des fruits ou des noix sauvages ; jamais ils ne mangent de chair : ils marchent quelquefois en troupes & tuent les Négres qui traversent les forêts ; ils tombent même sur les éléphans qui viennent paître dans les lieux qu'ils habitent, & les incommodent si fort à coups de poing ou de bâtons, qu'ils les forcent de fuir.

On ne prend jamais de pongos en vie, parce qu'ils sont si robustes, que dix hommes ne suffiroient pas pour les arrêter ; mais les Nègres en prennent quantité de jeunes après avoir tué la mère. Lorsqu'un pongos meurt, les autres couvrent son corps de branches & de feuillages. Un de ces animaux vient d'arriver à San-Salvador, chez un riche Portugais. Il est de la hauteur d'un enfant de trois ans, & d'un embonpoint médiocre, mais carré & bien proportionné, fort agile & fort vif ; les jambes charnues & robustes, tout le devant du corps nû, mais le derrière couvert de poil noir. A la première vue, son visage ressemble à celui de l'homme, mais il a le nez plat &, recourbé, ses oreilles sont aussi celles de l'espèce humaine ; son sein, car c'est une femelle, est potelé ; il a le nombril enfoncé, les épaules fort bien

bien jointes, les mains divisées en doigts & en pouces, les mollets gros & charnus, ainsi que les talons.

On a dit que le pongos n'avoit pas de mollets. Ce défaut peut exister dans un individu sans être commun à toute l'espèce. Le pongos en question marche droit sur ses jambes. Il est capable de lever & de porter des fardeaux assez lourds. Lorsqu'il veut boire, il leve d'une main le couvercle du pot, & tient le fond de l'autre ; ensuite il s'essuye fort gracieusement les lèvres. Il se couche, pour dormir, la tête sur un coussin, & se couve avec tant d'adresse qu'on le prendroit pour un homme au lit.

Outre les oiseaux qui sont propres au Congo, l'Europe en a peu qui ne se trouvent dans ces régions. Il y auroit un volume à faire sur les différentes espèces de poissons qui en habitent les côtes.

Les crocodiles, une quantité prodigieuse de reptiles & de serpens, différens entr'eux par leur grandeur, leurs couleurs & leurs qualités dangereuses, sont encore des animaux de ces contrées. Je ne parle pas des abeilles, des fourmis, des mosquites, des moucherons & d'autres insectes appartenans à ce genre. Il suffit de savoir qu'il est ici question d'un climat chaud, pour y joindre l'idée de la multitude des insectes de toute espèce qui doivent s'y trouver naturellement. Quant aux productions minérales, les mines d'or, d'argent, de cuivre, de fer même, sont si communes dans cette partie de l'Afrique, qu'on assure qu'il n'y a pas de pays dans l'univers qui produise en aussi grande abondance, toute sorte de métaux.

Le cristal s'y rencontre de même très-fréquemment, ainsi que le jaspe, le porphyre, le marbre de différentes couleurs. Les mêmes montagnes ont une pierre marquetée, dans laquelle il se trouve de fort belles hyacinthes, pierres précieuses, d'une couleur rouge-orangé, c'est-à-dire, que les raies ou les veines qui sont distribuées par tout le corps, peuvent en être tirées comme les pepins d'une grenade, & tombent alors en petites pièces, qui forment autant d'hyacinthes des plus parfaites. En un mot les montagnes du Congo renferment de très-belles pierres propres à bâtir; d'autres qui paroissent impregnées de cuivre & d'autres métaux susceptibles du plus beau poli, & d'un usage admirable pour la sculpture & la gravure.

Enfin, Madame, il me reste à vous faire connoître les idées religieuses qui régnoient au Congo avant le quinzième siècle, & qui y règnent encore aujourd'hui, parce qu'une bonne partie de la cour, quoique baptisée, est secrettement attachée à l'idolâtrie, tandis que le reste de la nation la professe ouvertement.

Après un Dieu tout-puissant qu'ils appellent Nzambiampungu, les Congois reconnoissent une infinité d'autres divinités, dont ils taillent grossièrement les images en bois, & qu'ils supposent présider chacune à de certaines maladies ou à divers événemens que ces dieux dirigent suivant les prières qu'on leur fait. Il y a des cases qui leur sont consacrées & où l'on va porter ses vœux & ses offrandes. Dans les affaires importantes, on fait des sacrifices solemnels. Ce sont autant de fêtes qui durent trois ou quatre jours. Les trois premiers se passent d'abord à intéresser le ministre de l'idole à faire les fonctions de sacrificateur, & à servir de protecteur & d'avocat auprès de sa divinité. Ce ministre alors se revêt d'habillemens particuliers à son état, se rend au temple, & là, à haute voix, déclare la qualité de celui qui invoque l'idole, quel est le nombre & la valeur de ses oblations, & finit par prier le dieu de le conserver en paix & en santé, ainsi que toute sa famille, de le combler de prospérités, &c. La fin de cette prière est un signal aux musiciens de commencer leur charivari barbare qui dure jusqu'à ce que les ministres l'interrompe pour se rendre chez le dévot qui donne la fête. Il est suivi des assistans & des musiciens. On mange, on boit avec excès ; on n'interrompt cette douce occupation que pour danser & chanter, tandis que les instrumens font un tintamare horrible. Ce sabbat dure ainsi trois jours & trois nuits ; le quatrième jour est proprement le jour du sacrifice. On retourne à la case de l'idole ; on y amène les victimes, lesquelles sont des hommes ou des enfans, en bien des endroits. Le ministre inhumain de la divinité les égorge. Le nombre des victimes humaines se règle sur la qualité de l'idole.

Dès qu'elles font égorgées, le prêtre en barbouille la statue, & tout le monde s'empresse autour de ce corps palpitant, à boire le sang qui en découle. On les coupe en suite par morceaux, on les met sur le feu, & ces cannibales féroces les dévorent avec une avidité qui s'anime encore par la superstition.

Toutes les viandes étant dévorées, le ministre va à l'autel, prend l'idole & l'élève pour la faire voir à l'assemblée. Le dévot qui a fait le sacrifice, offre de nouveaux préfens, qui confistent en viandes cuites qu'on dépose aux pieds de la divinité. Comme elle ne paroît pas y toucher, son ministre, qui est l'interprète de ses volontés, distribue tout aux affiftans, avec ordre de rapporter tous les os, à peine, contre chaque défobéiffant, de payer une chèvre pour l'expiation de ce facrilege. La raifon de la réferve de ces os, c'eft que le miniftre les vend enfuite à tel prix qu'il juge à propos à ces miférables idolâtres, comme de précieufes reliques, propres à préferver d'accidens, & à d'autres ufages fuperftitieux.

Le nom commun que l'on donne aux miniftres de ces divinités fanguinaires, eft celui de Ganga. Il y a un chef ou pontife fuprême, qu'on appelle *Chitomé*. Cette dignité le rend fi refpectable aux yeux de cette nation, qu'il eft regardé comme un dieu vivant qui a une communication intime avec les dieux du ciel, parmi lesquels il va prendre place après qu'il a quitté la terre. Tous ces payens le regardent comme l'auteur des productions terrestres, & lui doivent les prémices de leurs récoltes. Leur sotte crédulité fait la règle de leur exactitude, car ils se croiroient exposés à toutes sortes de malheurs, s'ils marquoient la moindre négligence à ce devoir.

D'un autre, le Chitomé, qui ne s'en rapporte pas entièrement à leur bonne foi, a soin d'entretenir des espions pour éclairer la conduite de ses redevables : malheur à ceux qui sont surpris en faute. L'offrande des prémices des fruits de la terre doit être faite par le chef de la famille, qui est accompagné de sa principale femme; laquelle les porte en chantant des chansons usitées en pareilles occasions.

Il y a dans le royaume de Congo & dans d'autres endroits, de certains petits animaux & de certains petits poissons réservés pour la bouche seule du Chitomé. On entretient perpétuellement dans sa case un feu prétendu sacré, & il en distribue à tous ceux qui veulent le payer. Enfin sa puissance est telle, que lors de l'élection d'un Sova ou gouverneur de canton, les peuples refusent de le reconnoître & de lui obéir, s'il n'a le suffrage du Chitomé. Aussi les nouveaux gouverneurs ont-ils soin de s'assurer de sa protection, en lui rendant une visite publique, dans laquelle, après la cérémonie la plus humiliante pour établir leur soumission, le pontife les asperge d'une eau consacrée à sa façon.

Pour entretenir l'opinion ridicule où sont ces peuples, qu'il n'est pas sujet à la mort, ce grand prêtre, lorsqu'il se sent près de sa fin, par la foiblesse de son âge ou par la maladie, appelle un de ses disciples pour lui communiquer le pouvoir qu'il a de produire les biens de la terre. Ensuite il lui ordonne publiquement de l'étrangler
ou

de le tuer d'un coup de massue. Cette exécution se fait sur le champ à la vue d'une nombreuse assemblée. Si l'office de grand pontife n'étoit pas rempli continuellement, les habitans se persuadent que la terre deviendroit stérile, & que le genre humain toucheroit bientôt à sa ruine.

Il y a un autre ministre appelé *Nghombo*, qui tient le second rang dans cette troupe infernale de prêtres, & qui n'est ni moins fourbe ni moins intéressé que le Chitomé. Les autres d'un rang inférieur portent le nom de Ganga, & sont représentés par tous nos missionnaires comme des sorciers ou *singhilli*, qui conversent avec le diable, &

qui, par son secours, prédisent des événemens futurs, & produisent diverses actions surnaturelles & merveilleuses. Si l'on en croit nos religieux, le ciel permet souvent que les sorciers Négres soient confondus par des effets admirables de la providence, qui tournent à l'avantage des ministres de l'Evangile. Mais ce qui est beaucoup plus vrai, Madame, c'est que ces prêtres détestent nos missionnaires, & que ceux-ci n'épargnent rien pour anéantir ceux-là : la jalousie de métier est de tous les pays & de toutes les professions.

Les singhilli exercent aussi la médecine & la chirurgie ; mais ils n'y sont pas plus habiles qu'en forcellerie : toutes leurs méthodes se réduisent à l'administration de quelques simples ; administration qui favorise la fourberie.

LETTRE XLI.

D'Ardra.

JE viens de parcourir, Madame, une grande partie de la Guinée, & c'est après avoir vu ce qu'elle offre de plus curieux, qu'arrivé à la ville d'Ardra, dans le royaume de ce nom, je vous adresse le fruit de mes recherches.

L'air qu'on respire en Guinée est fort chaud, mais par-tout cependant il n'est pas mal-sain. Il semble qu'il le devienne, à mesure qu'on avance d'occident en orient. Aussi, depuis le vingt-deuxième degré de latitude jusqu'au neuvième, dit-on qu'il est si excellent, qu'on y transporte les malades de Barbarie, & qu'après un féjour affez court, ils y recouvrent fûrement la fanté. Ailleurs, l'air eft fi mauvais que les étrangers en reffentent les triftes influences, & il leur en coûte la vie, s'ils le refpirent plufieurs années.

Au mois de décembre, on éprouve fur la côte de Guinée, pendant huit jours, un vent d'eft, fi fec & fi chaud que les poutres & les planches de chêne fe fendent ; mais dès que le vent a ceffé, tout fe rejoint.

Les rivières principales de toute cette vafte contrée font, d'abord le Niger, qui, après un cours de 900 lieues, fe décharge dans l'Océan par trois branches, lefquelles font le

I iij

Sénégal, le Gambia & la rivière de San-Domingo, ensuite le Serra-Liona & le Derio da Volta.

La variété régnant dans les qualités du terroir comme dans le climat, on ne peut dire ni que le pays eſt ſtérile, ni qu'il eſt abondant en tout. La fertilité dépend, ici comme dans toutes les contrées méridionales, du voiſinage des eaux & des irrigations que reçoivent les terres. La côte oppoſée à l'île de Gorée, qui eſt ſituée preſque vis-à-vis le Cap-Verd, eſt le plus beau lieu de toute la Guinée. On y trouve des prairies, une grande quantité de bled, de mil, de riz, & de nombreux troupeaux de bœufs, de chèvres & de moutons ; mais le reste n'a pas la même fertilité. Le grain qui y est le plus commun est le mil dont on distingue deux espèces. Ce que nous appelons bled de Turquie en est une. L'autre espèce est fort inférieure à la première en qualité & en grosseur. Des fèves de plusieurs sortes viennent aussi par-tout, mais les plantes que les habitans cultivent le plus généralement, sont les ignames & les patates ou batates. Ce sont deux sortes de pommes de terre, qui viennent naturellement dans les pays chauds, & qui, en différens cantons de Guinée, font la seule nourriture des peuples. Il y a des endroits où l'on trouve des melons, des ananas, d'autres qui fournissent du poivre, qu'on appelle poivre de Guinée, lequel est d'assez mauvaise qualité, & une graine, appelée malaguette, ou maniguette grand cardamone ou graine de paradis; c'est ce qui a fait donner le nom de côte de Malaguette au pays maritime où elle se trouve. Cette côte est située entre le cinquième & le sixième degrés de latitude septentrionale. Le tabac est encore une plante de Guinée; mais il est du plus mauvais goût & d'une odeur détestable.

Je passe aux arbres. Les palmiers méritent le premier rang. Il suffit de dire qu'on en trouve de toutes les espèces, & que les habitans en tirent de grands avantages.

Les grenadiers, les orangers, les citronniers ne font pas communs & ne viennent qu'en un petit nombre d'endroits privilégiés. Les bananiers, les papayers qu'on distingue en mâles & femelles, & une certaine espèce de pommier, dont le fruit est appelé *pomme de cormantin*; tels sont les arbres fruitiers de Guinée. Entre différens arbres sauvages propres à la menuiserie & à d'autres usages, on s'arrête au *capoquier*, parce qu'il rapporte une certaine ouatte appelée *capoc*, qui est fort propre à faire des nattes & des coussins. Il y a aussi un certain arbre que dix hommes auroient peine à embrasser, non pas à cause de la grosseur de son tronc, mais par rapport aux épines qui en fortent tout-autour.

On place au rang des callebaſſiers un arbre du Sénégal, appelé *pain de ſinge*, qui eſt curieux par ſa groſſeur & l'étendue de ſes branches. J'en ai meſuré un qui avoit ſoixante-cinq pieds de circonférence ; quelques-unes de ſes branches avoient juſqu'à cent cinquante-cinq pieds de long.

Les animaux domeſtiques de ce pays, ſont des chevaux, des vaches, des taureaux, des ânes, des chèvres, des porcs & des moutons, qui ont un poil de deux ou trois pouces de long. Ceux des forêts ſont l'éléphant, le lion, le tigre, l'once, le léopard, la panthère, le jackal, le bufle, la vache sauvage, le cerf, le daim, la gazelle, la civette & l'agouti, petit animal couvert d'un poil roussâtre, de la grosseur d'un lièvre, avec une tête semblable à celle du rat, des jambes courtes & une petite queue dégarnie de poil. On parle aussi d'un grand animal qu'on appelle *guiamala*, & que l'on trouve au royaume de Bambouc, aux environs du Niger. Les voyageurs qui l'ont vu assurent qu'il est presque une fois plus haut que l'éléphant, mais qu'il s'en faut beaucoup qu'il soit aussi gros. Il paroît que c'est la *giraffe*. C'est une erreur de dire que cet animal est une fois plus grand que l'éléphant; il eſt ſeulement plus haut, parce que ſes jambes de devant ſont très-élevées : il peut atteindre à ſeize ou dix-ſept pieds ; mais l'éléphant, dans ſon état naturel aux Indes, a quinze ou ſeize pieds de hauteur. C'eſt un animal doux à gouverner. Pluſieurs empereurs romains ont orné leurs triomphes de quelques-uns de ces animaux. On les montroit auſſi en ſpectacle.

Dans mes Lettres précédentes, Madame, je vous ai entretenue d'une créature beaucoup plus curieuſe, & que je pourrois, non ſans raiſon, placer à côté de l'homme. Voici quelques nouveaux détails qui acheveront de vous faire connoître le *mandrill* ou *pongos*. Cet animal a beaucoup plus de reſſemblance avec l'homme qu'avec le ſinge. Son corps, quand il a pris ſa croiſſance, a autant de circonférence que celui de l'homme; les jambes ſont beaucoup plus courtes, les pieds plus longs; les bras & les mains ſont dans la même proportion: la tête du pongos eſt d'une groſſeur monſtrueuſe; la face eſt large & plâttè, ſans autre poil qu'aux ſourcils; le nez eſt fort petit, la bouche large & les lèvres ſont très-minces. La face, qui eſt couverte d'une peau blanche, eſt d'une laideur affreuſe & toute ridée, les dents ſont larges & fort jaunes, les mains ſont ſans poil; tout le reſte du corps, à l'exception du visage, est couvert d'un poil long & noir, comme celui de l'ours. Ces animaux ne marchent jamais sur leurs quatre pattes comme les singes. Quand on les tourmente, ils crient précisément comme les enfans. On prétend que les mâles cherchent souvent à violer les femmes, quand ils les rencontrent dans les bois. Ils ont presque toujours le nez morveux, & se plaisent à laisser entrer dans la bouche l'humeur qui en découle. On me fit présent d'une femelle de cette espèce ; elle n'avoit que six mois, & elle étoit déjà aussi grosse qu'un babouin. Les matelots se plaisoient à la voir pleurer, à l'entendre crier ; ils lui tiroient le nez & la tourmentoient sans cesse. Cet animal, qui est fort délicat, mourut en peu de jours. Le Nègre qui en avoit eu soin, reprochant un jour à un matelot la méchanceté qu'il avoit eue de frapper le pongos, le matelot lui répondit, que s'il étoit jaloux de sa compatriote, il n'avoit qu'à l'épouser; mais le Nègre lui répliqua : *Ce n'est pas une femme pour moi, elle est blanche & de votre race ; elle vous convient.*

Je ne vous parlerai pas, Madame, de quelques autres petits quadrupèdes, tels que les belettes, les porcs-épics, différentes espèces de rats & des singes, dont la variété est très-grande. Ils ne vous offriroient rien d'intéressant, & l'espèce de ces animaux est d'ailleurs assez connue. Je viens aux oiseaux; la volaille n'est pas rare en Guinée, il s'y trouve aussi en différens endroits des paons, des faisans, des pintades, des tourterelles, des autruches, des oiseaux de paradis de deux espèces, dont le plus grand se nomme *monoceros*, des oiseaux appelés trompettes, parce qu'on trouve de la ressemblance dans leur chant avec celui d'une trompette; d'autres gros oiseaux qu'on appelle oiseaux à quatre aîles. Je vous nommerai aussi des aigles, des écouffes, espèce de milan si hardi en Guinée, qu'ils arrachent des morceaux de viande ou de poisson des mains des femmes & des enfans, enfin des perroquets de plusieurs espèces. Aux oies, aux canards & autres de ce genre, qui sont de la classe des oiseaux aquatiques, il faut joindre les flamands, les palettes ou oiseaux à spatule, les grands gosiers ou pélicans, des bécasses, des bécassines, &c. On ajoute encore à ces oiseaux d'autres petits qui vivent de grains, & qui sont estimables par leur chant ou par l'agrément de leur plumage. La plupart n'ont pas de nom.

Cette contrée offre, dans la classe des amphibies, des chevaux de rivière ou hippopotames qui sont assez communs dans le Niger, des crocodilles de différentes espèces

& le *capiver*, quadrupède de la grosseur d'un cochon d'un an, avec une tête comme celle du lièvre. La nuit, il grimpe sur les arbres pour en manger les branches, & le jour il se tient ordinairement caché dans la mer.

Je ne m'étendrai pas à détailler tous les reptiles & insectes que l'on trouve dans ces régions. Il suffit de dire que toutes les espèces y sont très-communes, qu'on y voit des lézards, des caméléons, des serpens, parmi lesquels il en est de trente à trente cinq pieds de long; des scorpions, des crapauds, des grenouilles, des grillons, des sauterelles, des cantharides, des hannetons, des abeilles, des mouches de toutes fortes, & enfin des fourmis fi voraces, qu'elles attaquent des moutons, des poules, des pigeons, des rats, & qu'elles les rongent jufqu'aux os avec tant d'adreffe, que le plus habile anatomifte ne pourroit les difféquer auffi proprement.

Les poiffons font en auffi grand nombre que les autres individus. Toutes les efpèces connues en Europe, de même que plufieurs qui font particulières à ces côtes, y abondent, au point que pour trois fols un foldat peut fe raffafier de poiffon & de coquillages, tels que les crabes, les écreviffes, les chevrettes, &c.

Les richeffes, dans le genre minéral, ne font ni moins nombreuses, ni moins variées que dans les deux autres genres. Plusieurs montagnes renferment des mines d'or très-abondantes ; on en ramasse aussi dans le sable de quelques rivières. Il y a un canton où il étoit si abondant, qu'il en a reçu le nom de *Côte d'Or*. Elle le méritoit il y a soixante-dix ou quatre-vingts ans, mais elle en produit peu aujourd'hui. Des millions d'hommes ont péri, plusieurs peuples ont été détruits, & la nation d'Akime, qui s'entendoit le mieux à exploiter les mines, a été chassée de son pays. Des perles, des diamans & d'autres pierres précieuses, des petits morceaux de jaspe & de corail se rencontrent aussi en quelques cantons.

Il y a différens endroits sur la côte où les habitans s'entendent fort bien à faire du sel, soit en faisant bouillir de l'eau de mer dans des bassins de cuivre ou dans des pots de terre, soit en y creusant des fossés qui se remplissent par la marée, & que le soleil dessèche, en laissant au fond & sur les bords de la fosse des cristallisations d'un sel, qui coûte beaucoup moins que celui qu'on fabrique par les deux autres méthodes; mais les qualités de ce sel naturel sont aussi fort inférieures à celles de l'autre.

Quant à l'espèce humaine en Guinée, elle est assez connue, Madame, pour que vous me dispenfiez d'en faire le portrait. J'obferverai seulement que les Nègres n'ont pas tous le nez écrasé & gros, comme on le voit à quelques-uns, & qu'il y a autant de variétés dans leurs traits, & d'agrémens dans leurs visages, à la couleur près, qu'on en peut remarquer parmi nous. Leur habillement est le même partout, simple autant qu'il peut l'être dans un climat brûlant. Il ne consiste pour l'ordinaire que dans une bande d'étoffe de différente largeur & de trois ou quatre aunes de long; & c'est ce qu'on appelle, comme à Siam, une pagne. On la met en écharpe ou en forme de ceinture, de façon qu'en l'un ou l'autre cas sa destination est de servir de voile à la nature. Dans les cantons fréquentés par les Européens, les habitans en ont reçu l'ufage de porter de larges culottes, qu'ils mettent par-deſſus leurs pagnes. Un bonnet de peau de cerf, de ſoie, de coton eſt leur coëffure ordinaire; mais ils eſtiment encore davantage les chapeaux; ils s'ornent le col, les bras, les jambes & même le corps de petits morceaux de corail, d'anneaux d'ivoire, de chaînes ou de colliers de verroteries, & de petites plaques d'or. Au reſte, les facultés font la règle du plus ou moins d'ornemens & de leur prix, de même que des habillemens. Les pauvres pêcheurs, les payſans vont en quelques endroits tout nûs, ou n'ont qu'une pagne si étroite qu'elle ne cache point la nudité.

On remarque en Europe, que les femmes ont plus de vanité dans leurs habits que les hommes. C'est la même chose parmi ces peuples ignorans. Elles sont beaucoup plus occupées de leur parure que les hommes, & elles se font une étude d'arranger leurs cheveux avec une sorte d'élégance, de les poudrer avec une terre rouge, après les avoir graissés d'huile de palmier, de les orner de corail, de verroteries & d'aigrettes faites de poil de queue d'éléphant, de placer avantageusement une chaîne d'or au col, des bracelets, des anneaux aux

GUINÉE.

aux bras, aux jambes, & des petites plaques d'or en différens endroits du corps. La pagne fait tout leur habillement; mais elle est portée avec tant de négligence, que le moindre mouvement la dérange, & laisse voir tout ce qu'elle devroit cacher.

Le logement de ces peuples n'est pas plus composé que leur habit. C'est une hutte bâtie comme les loges de nos charbonniers. Leur hauteur est si médiocre, qu'un homme, après y être entré presque en rampant, ne peut s'y tenir debout. Les plus riches ont plusieurs de ces caves renfermées dans une enceinte de roseaux ou de palissades, & séparées par des cours;

les unes servent de retraite aux femmes du maître, les autres à ses esclaves du sexe & à ses valets. Les meubles de ces habitations consistent en quelques petits sièges qui, pendant la nuit, leur tiennent lieu de coussin, tandis que des nattes ou des fagots de jonc leur servent de lits. Ils se croyent meublés au mieux, lorsqu'ils peuvent avoir quelque cassette ou vieux coffre de matelot. Leur batterie de cuisine & leurs autres ustensiles de ménage se réduisent à des pots de terre, à des écuelles ou *sebiles* faites de calebasse, & à des pots de même matière. Le plus ou le moins de ces huttes rassemblées, forme une ville ou un village;

c'est toujours la même architecture ; un amas confus de cabanes autour d'une grande place qui sert de marché. D'ailleurs, les guerres continuelles que se font les petits rois, ont fait éprouver à la population des diminutions très-considérables. Le village d'Ursue, qui dépend du fort Danois de Christianbourg, joint aux villages de la Hode & de Fessigg, pouvoit mettre sur pied quatorze mille hommes, il y a cinquante ans, & Ursue en fourniroit à peine cent cinquante.

La nourriture ordinaire des Nègres est le mil écrasé & cuit à l'eau. S'il manque, il est remplacé par des ignames, des patates & des herbes bouillies, sur lesquelles ils jettent de l'huile de palmier. C'est un régal pour eux que de manger un morceau de poisson pourri; mais le comble de la bonne chère est la viande de bœuf, de mouton, & la volaille. On réserve ces mets pour les festins & les réjouissances. Il ne faut pas s'imaginer que leur sobriété soit naturelle; lorsqu'ils mangent chez les Européens, ils savent très-bien choisir ce qu'il y a de meilleur. A les voir dévorer, on diroit qu'ils se rassasient pour trois jours. Je crois qu'ils se persuadent que tout ce qui coûte beaucoup ne leur vaut rien & est mal-sain. Leur avarice est la seule cause de leur abstinence. D'ailleurs, s'ils sont sobres à manger, ils n'en font que plus disposés à boire beaucoup. Ils aiment passionnément le vin, l'eau-de-vie & les liqueurs fortes. La boisson ordinaire est l'eau ou le vin de palmier. Ce vin, qui est fort doux d'abord, s'aigrit vingt-quatre heures après qu'il est tiré; ils le gardent ainsi deux autres jours, pour avoir le plaisir d'y trouver une certaine âpreté qui leur racle la gorge, & qui les flatte bien plus qu'un goût emmiellé.

Voyons un peu quels sont les complimens, les cérémonies des Nègres dans leurs rencontres & dans leurs visites. Ceux qui ont commerce avec les Européens en ont pris les manières, & ôtent leur bonnet ou leur chapeau lorsqu'ils rencontrent des personnes de leur connoissance ; mais les Nègres de l'intérieur du pays n'ont pas cet usage, & n'attachent aucune idée de civilité à avoir la tête nue. Ils se demandent mutuellement *s'ils ont bien reposé* ; ce qui fait voir qu'ils regardent le sommeil comme le véhicule principal de la santé. Ils se prennent ensuite la main & se serrent les deux doigts du milieu. Ils reçoivent avec beaucoup d'honnêteté ceux qui viennent les voir d'un autre village. Après les premiers complimens, le maître de la maison fait apporter de l'eau & de l'huile ou de la graisse pour laver & oindre celui qui lui rend visite.

Les rois & les grands seigneurs ont aussi des cérémonies qui leur sont particulières. Lorsqu'un d'eux approche du village de celui qu'il vient voir, il lui dépêche un de ses gens pour le saluer & lui notifier sa venue ; le *visité* fait accompagner aussi-tôt cet envoyé par un de ses gens qui vient assurer le *visitant* qu'il sera le bienvenu. Pendant ce tems là le visité fait assembler ses esclaves & ses soldats, quelquefois au nombre de trois ou quatre cens, & va s'asseoir dans la place du marché avec sa suite. L'autre s'avance d'un pas grave & accompagné d'un nombre de gens armés, proportionné à ses richesses. Arrivé à l'endroit où il est attendu, il s'arrête à quelque distance de celui qu'il visite; les gens du cortège s'approchent, se saluent mutuellement, & enfin les maîtres en font autant. Le visité se lève & embrasse trois fois le visitant, s'il est plus puissant que lui ou s'il veut lui marquer de la considération. Dans le cas contraire, il reste assis & lui prend trois fois la main, & lui serre les deux doigts du milieu; ensuite le visitant s'assied avec toute sa suite & attend qu'il vienne, de la part de celui qu'il visite, un envoyé pour le saluer de nouveau, & lui demander le sujet de sa venue. Ces pour-parlers par envoyés durent de cette façon une heure ou deux, jusqu'à ce que le visité se lève & invite l'autre à le suivre chez lui. On lui fait des présens de poulets, de moutons, de patates & d'autres choses qui peuvent lui être agréables, & on fournit à sa subsistance & à celle de tout son monde.

Il y a tant de langues différentes dans l'étendue de la côte occidentale d'Afrique dont il est question ici, qu'il n'est pas possible de rien dire à cet égard d'intéressant. On compte presqu'autant de langages particuliers que de royaumes, & celui des Nègres de l'intérieur du pays est beaucoup plus doux & plus aisé que celui des peuples voisins de la mer, avec lesquels nous avons des relations. Ce dernier ne peut s'entendre & se parler parfaitement qu'au bout de dix à douze ans d'étude, sans que pour cela on soit exempt de trouver une grande difficulté dans la prononciation. Ce qui retarde aussi les progrès qu'on feroit, c'est que les Nègres ne sachant ni lire ni écrire, n'ont point de caractères ni de lettres pour exprimer leurs pensées ; de la aussi la prononciation ne s'apprenant que par l'oreille, les erreurs sont plus fréquentes, & l'on ne peut avoir aucun principe pour s'énoncer. Mais ceux des Nègres qui commercent habituellement avec les Européens, parlent un portugais corrompu, qu'ils appellent *langue franque*.

LETTRE XLII.

D'Ardra.

Vous vous attendez bien, Madame, à ne trouver parmi des peuples aussi grossiers, que des arts mécaniques, qui sont même en assez petit nombre. Les ouvriers principaux sont, & ceux qui font des plats, des assiettes & d'autres vaisseaux de bois & de callebasse, & ceux qui font des nattes de jonc; les tisserands, en certains cantons, fabriquent des toiles de coton qui n'ont que cinq à six pouces de largeur, & qu'on joint par pièces de dix à douze pour en faire des pagnes. Ces toiles se transportent par les Européens en d'autres quartiers où les Nègres n'ont pas l'industrie d'en faire. Il y en a quelques-unes qui font teintes en bleu. C'est un métier pour quelques Nègres, & leur teinture est très-solide; mais la profession qu'ils semblent exercer avec le plus d'adresse & d'intelligence, c'est celle de forgeron. Avec une grosse pierre qui leur tient lieu d'enclume, de petites pinces & un long soufflet de peau de chèvre, ils font les instrumens dont ils ont besoin pour cultiver la terre ou pour faire la guerre. Leurs sabres, leurs serpes, leurs bêches & leurs couteaux sont d'une dureté passable & d'un fort beau tranchant. Ce sont ces mêmes forgerons qui fabriquent des boîtes à mettre des parfums,

parfums, des bracelets, des anneaux d'or & d'argent, & les autres bijoux qui entrent dans la parure des femmes D'autres ouvriers travaillent l'ivoire & réussissent à en faire des anneaux & d'autres petits ornemens d'un travail peu délicat. Il est bon d'observer que tous ces artisans ne travaillent qu'assis, Le forgeron ne bat sur son enclume qu'assis par terre, ayant une pipe à la bouche & en compagnie de deux ou trois autres hommes dans la même attitude, lesquels frappent alternativement sur l'ouvrage qu'on travaille.

Les autres artisans de Guinée sont des potiers de terre, des cultivateurs, des pêcheurs & des chasseurs. Leur poterie est très-fragile & d'une forme peu commode, étant ronde par-dessous avec une entrée très-étroite, à peu près comme les pots dans lesquels on fait nicher les moineaux en France.

Les pêcheurs s'associent ordinairement plusieurs, & se mettent dans un petit canot fait d'un seul tronc d'arbre creusé, qui a jusqu'à quarante pieds de long sur deux ou trois de large. Ils vont ainsi jettant la ligne avec un hameçon de leur fabrique ou de façon européenne. Les gros poissons qu'ils rencontrent, ils les harponnent avec des fers semblables à ceux d'une flèche attachée à une corde qui sert à tirer le poisson à terre. On l'expose au soleil, où il se corrompt bientôt; & c'est dans cet état qu'ils l'aiment. Ils en mangent une partie & en vendent une autre; mais la plus grande est perdue, parce qu'ils ne veulent pas se donner la peine de la porter aux villages voisins, & parce que les habitans de ces lieux sont trop paresseux pour aller la chercher au bord de la mer.

Les Nègres qui habitent dans les campagnes, s'occupent à cultiver des cotoniers, & partagent ces travaux avec leurs femmes, ou prennent le soin de tirer du vin de palmier pour en faire commerce, ou encore tendent des pièges aux éléphans, chassent les bufles, les cerfs & autres bêtes sauvages.

Les occupations ordinaires des femmes font de prendre foin de leurs enfans, de broyer le mil dans un mortier avant de l'apprêter, & fur-tout de cultiver autour de la cafe du mil, des ignames & des patates. Toutes ces femmes ou filles n'ont pas moins de paffion que les hommes pour les liqueurs fortes & pour le tabac. Rien n'eft plus fingulier que de voir une de ces femmes prefque nue, la pipe à la bouche, avec un enfant fur fon dos, travailler à la terre avec toute l'action de l'homme le plus vigoureux. Si l'enfant a befoin, elle fufpend un moment fes travaux, lui donne à téter, & le remet à fa première place. Elles fe prêtent à tous les ouvrages qu'on leur fait faire, pourvu qu'on les paie. Le plus souvent les maris sont dans l'inaction, pendant que leurs femmes s'exténuent pour fournir à leur subsistance.

Avant de passer au détail des usages des Nègres dans leurs mariages & dans leurs funérailles, il est bon de faire connoître les distinctions qui règnent parmi eux, & qui ont fait croire à quelques voyageurs que ces nations reconnoissoient des nobles par leur naissance, & des inégalités naturelles dans les conditions. Je ferai mention de cinq ordres auxquels je réduirai tous les Nègres.

Le premier est celui de leurs

rois ou capitaines ; car ces deux mots signifient la même chose.

Dans le second, sont compris les *caboceros* ou chefs de quartiers, ce qu'on pourroit appeler patriciens ou chefs de la bourgeoisie, parce qu'en certains endroits ils ne sont occupés que du bonheur des habitans de leur bourgade, rendant la justice, appaisant les troubles & terminant à l'amiable les disputes qui s'élèvent entr'eux.

Le troisième ordre est composé de ceux qui se sont rendus considérables par leurs richesses, soit qu'ils les aient acquises par le commerce, soit qu'ils en aient hérité. Ici, comme en Europe, l'opulence est un titre pour mériter des honneurs & de la considération.

Les paysans qui cultivent le maïs, qui recueillent le vin de palmier, les pêcheurs, forment la quatrième division.

Enfin la cinquième renferme les esclaves qui se sont vendus eux mêmes par pauvreté, ou qui l'ont été par leurs parens, ou que l'on a fait prisonniers en guerre.

Voyons à présent comment ceux des trois premières classes parviennent à leur grade. La dignité de capitaine, auquel les Européens ont donné le nom de roi, est héréditaire dans quelques endroits ; dans d'autres, elle appartient au plus fort & au plus habile.

Elle passe à l'aîné des garçons ou au plus proche parent du prince, à l'exclusion même de ses enfans, suivant l'usage établi en chaque royaume. Il n'y a parmi ces peuples ni cérémonie de couronnement, ni serment à prêter. On se contente de faire voir au peuple son nouveau roi, de le promener par son royaume pendant quelques jours, & l'installation finit par une journée consacrée à des festins & à toutes sortes de divertissemens.

Dans les royaumes où les *Caboceros* ont part à l'administration, leur nombre est fixé, mais les enfans n'ont aucun droit aux charges de leurs parens. Lorsqu'il y en a de vacantes, les *Caboceros* s'assemblent & choisissent parmi le peuple des sujets âgés pour les remplir. Il faut être originaire du pays, y demeurer habituellement ; il faut encore quelques formalités pour aspirer à cette élection. Aussi-tôt qu'elle est décidée, le nouveau patricien régale ses confrères avec une vache & du vin de palme ou de l'eau-de-vie ; après quoi il est confirmé dans sa dignité. Sur la côte d'Or où les Hollandois ont un établissement, on amène au fort ceux qui ont été élus, on les présente au gouverneur, le priant de permettre qu'ils soient reçus *Caboceros*. S'il n'y a rien à opposer à cette élection, le gouverneur fait jurer le nouveau magistrat Nègre sur la

Bible, qu'il demeurera fidèle aux Hollandois, qu'il leur donnera du secours & les défendra de tout son pouvoir contre leurs ennemis, soit Européens, soit Nègres, sans en excepter aucun; & enfin, qu'il se comportera en bon & fidèle sujet. Il fait aussi le même serment entre les mains de ses confrères, & il les confirme par ces mots : *Que Dieu me fasse mourir, si je jure à faux & si je n'observe mon serment.* Cette cérémonie terminée, on lui applique la Bible sur la poitrine & sur la tête, on enregistre son nom; dès-lors il a la permission de paroître aux assemblées, il jouit de tous les privileges que la compagnie Hollandoise accorde aux Caboceros, & de tous les avantages que rapportent les procès qu'il juge.

Le troisième ordre, parmi les Nègres, est celui des riches; mais il y a un moyen de se donner pour tel, & par-là de se rendre illustre & respectable. Celui qui a ce dessein, achète sept des plus grandes dents de l'éléphant, & en fait faire des cors sur lesquels ses domestiques apprennent à jouer les airs du pays. Lorsqu'ils sont suffisamment instruits, le maître fait avertir ses parens & ses amis. On s'assemble chez lui, on y boit copieusement, on y mange de même, & enfin on se divertit au mieux pendant quelques jours. Ensuite paroissent les femmes & les esclaves du maître, tous vêtus magnifiquement & ornés de tout ce qu'ils possèdent, & même de bijoux d'emprunt. Les esclaves sonnent de leurs cors en public ; le *prétendant* fait des présens à ses amis, & tout le monde se sépare. Après cette fête, il peut, tant qu'il lui plaît, se divertir avec le son de ses cors ; permission dont on ne peut jouir qu'après la cérémonie qu'on vient de voir.

Pour s'attirer encore un nouveau crédit & de plus grands honneurs parmi les siens, un Négre fait faire deux boucliers qu'il montre au public avec autant de formalités que les cors. La première nuit d'ensuite, il la passe à se promener avec ses armes, & tous ses gens aussi armés ; le jour, il s'occupe à tirer de l'arc ou du fusil, & se livre à d'autres exercices militaires ; puis succèdent les danses & toutes sortes de divertissemens, pendant huit jours que dure cette fête, à laquelle assistent les parens, les amis, & les femmes habillées comme il convient de l'être dans ces jours d'apparat. Cette fête signifie que celui qui la donne affrontera tous les dangers pour défendre ses compatriotes, & qu'en tems de guerre il marchera le premier à l'ennemi & combattra jusqu'à la mort. Elle ne coûte pas autant que la première ; car au lieu de faire des présens, on en reçoit même d'assez considérables. Un Nègre qui a ainsi affiché la bravoure, a seul le droit de faire porter deux boucliers devant lui.

Ici se présente naturellement la peinture des instrumens de musique qui entrent dans leurs divertissemens. Ils en ont de plusieurs sortes, mais tous font un bruit désagréable. Les principaux sont les cors dont je viens de parler, sur lesquels ils sculptent grossièrement des figures d'hommes ou d'animaux ; leurs tambours sont au moins de dix sortes de différentes grosseurs, mais la plupart faits d'arbres creusés, couverts de peau d'un côté & ouverts de l'autre. On les porte au cou ou on les laisse par terre, & on les bat avec deux bâtons qui ont la forme de marteaux. Au bruit rauque de ces cors & de ces tambours, on joint encore le son aigre d'un fer creux qu'un petit garçon bat avec un bâton. Voilà ce qui forme un concert nègre. En certains quartiers de la Guinée, on a de plus quelques flûtes de roseaux, desquelles on ne tire que des sons aigus très-peu mélodieux. Ils estiment beaucoup celles qu'on leur porte d'Europe; mais ils n'en jouent pas mieux que des autres. L'instrument le moins désagréable aux oreilles européennes, est celui qui est composé de cordes étendues sur un bois creux qui est de la figure d'une petite harpe. On s'y sert aussi d'un instrument appelé batafo au Sénégal, lequel rend un son diversifié, selon les tons qu'on en tire avec deux baguettes, comme celles de leurs tambours.

Rien de plus simple que les mariages des Nègres; ils ne savent ce que c'est que contrat & fiançailles. Ils n'ont jamais de dispute au sujet de la dot. Lorsqu'un jeune homme trouve une fille à son gré, il se rend auprès de son père ou de quelques-uns de ses proches parens & la demande en mariage. On consulte la fille; si elle donne son consentement, elle mange avec son mari la fétiche en signe de sa fidélité. On passe deux ou trois jours en festins aux dépens du mari, qui enmène chez lui sa compagne. Là, elle est maîtresse absolue de tous les esclaves. Si le mari achète des maîtresses ou prend d'autres femmes, c'est du consentement de la première. Mais alors ces unions se font sans autre cérémonie que de donner au père tant d'onces d'or pour sa fille qu'il livre. La première femme refuse rarement cette liberté à son mari, à cause des avantages qu'il y a à avoir plusieurs femmes qui donnent beaucoup d'enfans, ce qui fait la richesse des ménages. Ces associations ne durent qu'autant qu'elles sont du goût des parties. La femme peut quitter son mari si elle le prend en averfion, ou fi elle s'en dégoûte, & alors fes parens font obligés de reftituer tout ce qu'ils ont reçu; mais fi le mari renvoie fa femme, il perd tout ce qu'il a donné. Les Nègres prennent autant de femmes que leurs facultés le permettent. Plus on en prend, plus on eft diftingué. Un homme qui en a vingt ou trente eft un puiffant feigneur; mais alors deux de ces femmes font exemptes de travail; la première eft la plus confidérable, & elle porte le nom de *grande femme*. Elle commande à toutes les autres, elle ne fe mêle que de l'intérieur de la maifon : la feconde s'appelle *Boffum*, nom qui fignifie divinité en leur langue, parce qu'elle est consacrée à leur idole favorite. Ils se piquent d'une grande délicatesse sur le chapitre de la fidélité de ces deux femmes, mais ils s'intéressent peu à celle des autres, pourvu qu'ils en puissent tirer de l'argent. Il y a de ces maris, sur-tout sur les côtes fréquentées par les Européens, assez infâmes pour être d'intelligence avec leurs femmes, dans la vue de partager avec elles le prix de leur prostitution dont ils se font rendre un compte exact. Le mari prévenu surprend sa femme, & alors l'adultère est obligé de payer une amende proportionnée à ses moyens. Parmi les gens les plus vils, cette amende n'est jamais moindre que de trente ou quarante livres en denrées ou en argent. Dans l'intérieur du pays, on n'est pas si indulgent envers les adultères, & les deux coupables sont punis de mort, si leurs parens ne les rachètent pour une grosse somme. Malgré ces punitions rigoureuses, les Négresses sont si passionnées pour les plaisirs de ce genre, qu'on assure qu'il n'y a point de tems à perdre à faire sa cour, & qu'on n'essuie jamais de refus. Il est même assez commun de voir de ces femmes se conduire avec les jeunes gens qu'elles trouvent à leur gré de la même manière dont *Madame Putiphar en usa jadis avec Joseph*, & ne les pas trouver aussi rebelles, parce que leur mort feroit inévitable s'ils étoient surpris avec elles. Dès qu'une femme a déclaré sa grossesse, son mari s'abstient de la voir, & offre à ses idoles des sacrifices pour obtenir son heureux accouchement. On donne aux nouveaux-nés trois noms, celui du père & de la mère, de quelques parens ou celui de ses deux grands pères, si c'est à un garçon, & de ses deux grandes mères, si c'est à une fille, en y joignant le nom du jour de la semaine dans lequel il est né. Par la suite les noms se multiplient, à chaque action remarquable que fait un jeune homme, soit à la guerre, soit à la chasse ; on en voit quelquefois qui en ont jusqu'à vingt. Il y a différens endroits où l'on circoncit chaque enfant, & on croit que cette coutume vient de la fréquentation des Mahométans. Dans presque tout le reste de la Guinée on se contente de le présenter à un prêtre de la religion reçue, qui le consacre par une cérémonie dont je n'ai pu me faire rendre compte.

Je passe aux funérailles des Nègres. Il est peu de peuples qui aient plus de crainte de la mort, & qui cependant y courent à plus grands pas par leur penchant excessif à la débauche en vin, en liqueurs & en femmes. Lorsqu'un homme tombe malade, ses parens en prennent le plus grand soin, & ne négligent rien de ce qu'ils croient capable de lui prolonger la vie. Outre les remèdes qu'ils lui administrent, & qui sont tous des décoctions ou des infusions de simples, ou de leur suc qu'ils ont exprimé, on fait venir un de leurs fétichers, qui ordonne d'abord des sacrifices de bestiaux, de fruits ou même d'or, suivant les facultés du malade ; & les offrandes appartiennent à ces prêtres. Si le malade recouvre la santé, le médecin est largement récompensé ; mais si son mal augmente, il est congédié, & l'on en appelle un autre, qui ne manque pas, comme son prédécesseur, de s'enrichir avec les offrandes qu'il prescrit. Si le malade meurt, la justice, le prêtre & les parens s'occupent pendant quelques jours à rechercher quelle a été la cause de sa mort; s'il n'a point été parjure, & supposé qu'elle ne soit pas une punition de ses dieux, s'il n'avoit pas quelqu'ennemi mortel qui l'auroit empoisonné. Après ces informations sur lesquelles le prêtre porte son jugement, il interroge le mort & l'idole, pour apprendre les raisons du décès, & il va porter leur réponse à la famille du défunt. C'est alors que les parens & les esclaves poussent des hurlemens & des lamentations si horribles, que tout le village en retentit: d'abord viennent des jeunes gens avec des fusils, pour tirer quelques

ques coups auprès du corps en signe d'honneur. Pendant ce tems-là, les femmes du mort rafées, le corps & la tête couverts de terre blanche, n'ayant qu'une mauvaife pagne autour du corps, courent dans toutes les rues du village comme des furies, en prononçant continuellement les noms du défunt, en récitant les belles actions qu'il a faites pendant fa vie, & en mêlant à cette trifte oraifon funèbre des fanglors & des cris épouvantables. On le met enfin dans un cerceuil avec fes plus beaux habits, avec quelques uftenfiles de cuifine, des bijoux & de la poudre d'or, & on l'enterre dans un endroit écarté. Cette opération finie, tous les assistans reviennent à la maison du défunt, où l'on se réjouit à boire & à manger pendant plusieurs jours.

Ces peuples ont tant de passion pour être enterrés dans leur patrie, que si quelqu'un vient à être tué ou à mourir dans un pays très-éloigné du sien, ceux qui l'accompagnent lui coupent un bras ou une jambe, la font rôtir, en dépouillent l'os de toute chair & l'apportent à sa famille, qui célèbre sur cette partie les mêmes cérémonies que sur le corps entier.

A la mort d'un roi ou d'un seigneur considérable, on garde son corps six mois ou un an. On proclame le jour de ses obsèques dans toutes les terres de son obéissance, & il s'y trouve un concours extraordinaire. En plusieurs cantons, on immole aux mânes du défunt sa femme appelée *bossum*, quelques-uns des principaux esclaves & d'autres malheureux qu'on achète dans ce dessein C'est une chose déplorable de voir massacrer ces victimes infortunées. Ce sont autant de nouveaux Agag, & les sacrificateurs autant de Samuël. On les met en pièces & on les fait mourir mille fois, en les piquant, en leur arrachant des morceaux de chair, & par d'autres tourmens semblables.

J'ai vu moi-même, non sans

frémir, dans le pays d'Ante sur la Côte-d'Or, périr de cette manière onze personnes, parmi lesquelles il y en eut une qui, après avoir enduré les plus cruelles douleurs, eut la tête tranchée par un enfant de six ans, qui fut presqu'une heure à faire cette exécution, au grand applaudissement de l'inhumaine assemblée. Les Européens ont essayé d'abolir cette coutume parmi les Nègres qui vivent près de leurs forts ; mais on n'y est pas parvenu par-tout. Ceux-ci font cette cérémonie en secret ; mais les autres qui habitent loin des côtes, la pratiquent en grand appareil & avec une pompe extraordinaire.

LETTRE XLIII.

D'Ardra.

Pour la religion des Nègres, Madame, ce seroit une entreprise aussi téméraire qu'ennuyeuse, que de vouloir vous en décrire ici toutes les cérémonies. Elles ne sont pas les mêmes par-tout, & leur absurdité croît en raison de l'ignorance de ceux qui les pratiquent. Tous les Nègres qui habitent au nord & à l'est du Sénégal & aux environs du Cap Verd sont mahométans, parce qu'ils ont des relations avec les Maures ; mais ils n'ont ni mosquées, ni moullahs, & ne fêtent pas le vendredi, ainsi que les autres Mahométans. Ils ont seulement leur *Bairam* ou Pâques, qui vient à la suite d'un Ramadam à leur mode, fort différent de celui des véritables Musulmans. La cérémonie de la circoncision est, à proprement parler, la seule chose qui les fasse reconnoître pour des Mahométans.

Quant aux autres nations de la Guinée, elles sont toutes idolâtres. Les peuples de Bénin cependant circoncisent les garçons & les filles, mais ne peuvent rendre raison de cette coutume : ces nations reconnoissent un Dieu créateur & maître de toutes choses, mais ils ne lui rendent aucun culte. Ils ont des idoles qu'ils adorent, & auxquelles ils donnent le nom de fétiche. Il n'est pas aisé d'indiquer ce que c'est que ces fétiches, parce que ce terme a une infinité d'acceptions. Il signifie à la fois le nom générique des divinités, qui a pour synonyme *bossum*, & le culte même qu'on rend à l'idole. Ainsi, lorsqu'ils veulent lui sacrifier ou l'interroger, ils disent : *faisons fétiche*. Pour prêter serment, c'est faire *fétiche* ; pour se venger d'un ennemi, on fait *fétiche* ; & voici comment. On porte du vin ou quelques alimens à un prêtre, pour qu'il les conjure, & il les répand à l'endroit où leur ennemi a coutume de venir, dans l'idée que s'il vient à toucher à ces choses excommuniées, il mourra bientôt. Celui-ci vient-il à s'appercevoir du projet qu'on a de le perdre, il se fait porter ou il saute par-dessus les matières maudites & n'a plus de crainte. C'est un crime que de répandre ainsi des conjurations, & celui qui en est convaincu, est quelquefois puni de mort, excepté le cas de larcin seulement, dans lequel tout le monde peut employer ce moyen pour découvrir le voleur.

Les prêtres ou fétichers n'ont rien qui les distingue des autres. Chacun a chez lui son idole particulière, composée à sa façon. Voici communément en quoi elle consiste à la Côte-d'Or. C'est un grand vase de bois appelé *kalabas*, rempli de terre, d'huile, de sang, de cheveux, d'ossemens d'hommes & de bêtes, & de mille ordures pareilles. C'est devant ce mélange monstrueux qu'on appelle *fétiche* & en présence de son ministre, que l'on vient faire les sermens solemnels dans les circonstances les plus importantes, telles que des traités de paix, des promesses d'argent, &c. On va consulter encore le féticher avant d'entreprendre quelqu'affaire intéressante, & la réponse, qui est toujours favorable, ne manque pas d'être bien payée & précédée de quelqu'offrande pour mériter la protection de l'idole.

Les feules fêtes qu'on puisse dire qu'ils folemnifent, c'est lorsqu'un village est ruiné par la stérilité, par le défaut ou la trop grande abondance de pluie. Les principaux s'assemblent & demandent aux prêtres ce qu'il y a à faire pour arrêter les maux qui les affligent : ceux-ci ordonnent des offrandes, des facrifices ; ces oracles font publiés par-tout. Ceux qui ne s'y conforment pas font mis à une grosse amende.

La mer est, aux yeux de ces peuples, une divinité à laquelle on fait un facrifice public pour obtenir une pêche abondante. Il n'y a point de village qui n'ait un petit bois où les chefs vont sacrifier avec les prêtres, soit pour le bonheur général, soit pour leurs intérêts particuliers. Ces bois sont sacrés, & il est défendu d'y faire aucun dommage.

Malgré cette multiplicité de divinités, chaque homme, chaque femme a sa fétiche particulière, à laquelle on sacrifie le jour de la semaine dans lequel on est né. On offre à l'idole un mouton, un chevreau, une poule ou autre chose, & l'on partage ensuite la victime avec ses parens ou ses amis, qui s'empressent d'en venir demander un morceau. Chacun se fait une fétiche à sa fantaisie. Pour les uns, c'est un petit morceau de bois jaune, rouge, une dent de chien, de tygre, d'éléphant, un œuf. Pour les autres, c'est une arrête de poisson, un bout de corne remplie d'ordures, une branche d'épines, ou enfin de petites cordelettes faites d'écorce d'arbres.

Dans le royaume de Juida, les serpens sont les divinités du premier ordre, & c'est le plus grand sacrilège d'en frapper un. Les arbres de haute-futaie sont celles du second rang, & la mer est du troisième. On ne fait des offrandes qu'aux serpens & aux arbres, parce que celles qu'on jetteroit à la mer, seroient perdues pour les prêtres.

La prêtrise n'est pas restreinte au sexe masculin. Il y a des pays où les prêtresses sont en beaucoup plus

plus grand nombre que les prêtres, mais les uns & les autres sont respectés au point qu'ils ne sont sujets à aucune punition, pour quelque crime que ce soit. Les prêtresses sont au-dessus de tout reproche, & ne doivent aucun compte de leur conduite à leurs maris ; ceux ci sont obligés de les servir à genoux & de leur obéir, comme un esclave obéit à son maître.

Les Nègres croient encore à l'existence de différens dieux subalternes, de mauvais génies toujours disposés à faire beaucoup de mal. En quelques pays, il y a une fête annuelle consacrée à chasser l'esprit malin hors des villes & des villages. On s'assemble, on court dans les rues confusément, en pouffant des cris horribles ; on jette des pierres de côté & d'autre, & chacun rentre chez foi. Pendant que dure cette fcène diabolique, les femmes reftent dans l'intérieur de la maifon, & lavent, frottent tous les vafes de terre & de bois qui fervent aux ufages domeftiques, dans l'idée de leur ôter l'impureté que l'efprit infernal y auroit laiffée en s'y cachant. En d'autres pays, au lieu de le chaffer, on cherche à fe le rendre favorable en lui donnant à manger ; & on voit dans les chemins, dans les campagnes une multitude de petits vaiffeaux remplis d'alimens deftinés au diable auquel ils donnent un corps blanc.

Il y a autant de variété parmi ces peuples dans leurs sentimens, sur la création, qu'on en a vu dans leur culte. Les uns croient que l'homme a été engendré par une grosse araignée ; d'autres qui l'attribuent directement à Dieu, s'imaginent qu'il créa d'abord les Blancs & puis les Noirs. Pour les éprouver, ils ajoutent qu'il leur proposa deux avantages, celui de savoir lire & écrire, & celui de posséder de l'or. L'option donnée, les Noirs choisirent de posséder de l'or & abandonnèrent aux Blancs la connoissance des lettres, ce que Dieu approuva ; mais étant irrité de l'amour des Nègres pour l'or, il ordonna que les Blancs domineroient éternellement fur eux, & que ceux-ci feroient obligés de leur fervir d'efclaves. D'autres nations croient que les premiers hommes font fortis d'une caverne profonde qu'ils vont voir au fond de la mer.

Les Marabouts Nègres font auffi une hiftoire plaifante des trois enfans de Noé, par laquelle ils expliquent la diverfité de la couleur de tous les peuples de la terre. Il ne faut que fuppofer avec eux que de ces trois enfans, l'un étoit blanc, l'autre bafané, & le troifième noir, & que les femmes étoient de la couleur de leurs maris. La fuite de cette hiftoire excufe au mieux, felon eux, l'inclination que tons les Nègres ont au larcin, & les juſtifie pleinement, lorſqu'ils ſont pris ſur le fait.

Noé étant mort, diſent-ils, les trois enfans s'aſſemblèrent pour faire le partage des biens qu'il avoit laiſſés, & qui conſiſtoient en or, en pierreries, en argent, en ivoire, toiles, étoffes, pagnes, chevaux, chameaux, bœufs, moutons & autres beſtiaux. Il y avoit même auſſi des armes, des meubles, des grains, des pipes, du tabac & autres choſes ſemblables. On mit tout en ordre. Le partage fut renvoyé au lendemain, parce qu'il étoit trop tard. Les trois frères ſoupèrent enſemble de bonne amitié, burent ſans excès, fumèrent honnêtement

& se couchèrent : mais ils ne dormirent pas tous trois également. Le Blanc, qui étoit plus vigilant que les deux autres, se leva tout doucement, puis prenant tout ce qu'il y avoit de meilleur, comme l'or, l'argent, les pierreries, l'ivoire & les meubles plus précieux, il les chargea sur les meilleurs chevaux, & s'enfuit avec toutes ces richesses au pays où l'on voit encore aujourd'hui que les Blancs sont établis. Le Maure ou basané s'étant éveillé quelque tems après la fuite du Blanc, & ne le trouvant plus, ni les meilleurs effets de l succession commune, il se hâta de s'emparer des chameaux, des chevaux, des bœufs, des tapis & autres effets pour charger sur ces animaux, & se retira dans les lieux où il vouloit fixer son séjour. Le Noir, comme le plus paresseux, ne s'éveilla que le dernier & fort tard. Il fut bien étonné de ne plus voir ses frères & de trouver la maison vide, à l'exception de quelques pagnes, de quelques pipes de tabac, du mil, du coton, que ses frères avoient méprisés. Il vit bien qu'il étoit dupe & qu'il lui seroit impossible de se faire rendre raison par ses frères, quand même il sauroit l'endroit où ils s'étoient retirés. Dans ces circonstances affligeantes, il s'amusa à fumer & réfléchit à ce qu'il lui convenoit de faire pour sortir de la situation critique où il se trouvoit. Il crut que le meilleur parti étoit d'attendre avec patience qu'il se présentât des occasions d'user de représailles, & de s'emparer de tout ce qui pourroit tomber sous sa main, en dédommagement des biens que ses frères lui avoient enlevés. Il s'arrêta donc à cette idée, & il pratiqua exactement l'avis qui en résultoit. Tant qu'il vécut, ses enfans & leurs descendans ne purent mieux faire que d'imiter leur père, & c'est ce qui fait qu'ils suivent tous son exemple.

Au sujet de la nature de l'ame, il y a apparence que les peuples noirs la croient immortelle, puisqu'ils enferment avec les morts des habits & des uſtenſiles propres à leur uſage dans une autre vie, & qu'ils immolent des eſclaves pour les ſervir. D'autres penſent que leurs idoles interrogent les morts ſur leur conduite, & que s'ils ont bien obſervé les jours qui leur étoient conſacrés en ne mangeant pas de viandes défendues, l'idole leur fait paſſer doucement une rivière qui eſt bien avant dans la terre ferme, & les conduit dans un lieu de délices. Mais ſi les morts ont manqué à leurs devoirs envers l'idole, car les Nègres ne connoiſſent d'autre crime, ils ſont précipités dans la rivière & enſevelis dans un éternel oubli. Quelques-uns s'imaginent que les morts font transportés au pays des Blancs, où ils reprennent un corps de cette couleur.

LETTRE XLIV.

D'Ardra.

Pour achever de vous donner, Madame, l'ensemble de mes observations sur la Guinée, il me reste à vous entretenir, & de quelques formes bisarres de gouvernement, & de quelques usages judiciaires, & sur-tout de la manière de combattre. Cette Lettre ne sera pas la moins curieuse de celles que vous avez reçues.

Dans les états monarchiques, le roi ne maintient son autorité que par la force, & règne avec un sceptre de fer. Son or, ses esclaves sont la mesure de sa puissance & de l'obéissance qu'on lui voue. Si ses richesses sont médiocres, son pouvoir est borné au point qu'il ne peut rien obtenir de ses sujets qu'en les priant ou en les payant ; mais l'opulence le rend absolu & tyran. Il a un conseil composé des principaux & des plus anciens du royaume, qu'il assemble lorsqu'il est question de juger quelques affaires criminelles. Il les renvoie s'il n'est pas content de leur arrêt, & prononce lui-même une sentence qui est exécutée sur le champ. Toutes les peines corporelles, la mort même se rachètent par des amendes ; & de cette façon, il n'y a que les pauvres qui soient exécutés. Les voleurs d'enfans, de bestiaux sont punis de mort, ainsi que les meurtriers & les adultères. Mais ceux qui n'ont volé que des choses ordinaires en sont quittes pour restituer & payer une amende.

Il y a différens endroits où la manière de se faire payer de ce qui est dû a quelque chose de fort singulier. Un homme, au lieu de demander à son débiteur, prend ce qu'il peut attraper, quand même la chose vaudroit six fois plus que ce qui lui est dû, & sans s'informer à qui elle appartient. Le propriétaire vient pour redemander ce qui lui a été pris si injus-

GUINÉE. 229

tement; le fripon le renvoie à son débiteur, & ne se dessaisit pas de son vol. L'autre ne manque pas d'aller le trouver & demande le paiement de ce qu'on lui a enlevé. Alors le débiteur est obligé de le satisfaire, & souvent au triple de la valeur de la chose volée, parce que le propriétaire atteste par serment quel est son prix. L'autre moyen dont ils se servent pour escroquer de l'argent n'est pas moins contraire à l'équité naturelle. Un fripon s'adresse à quelqu'un & lui dit : J'ai reçu de votre fils, de votre cousin, de votre esclave un affront dont je viens demander réparation. Si vous ne me l'accordez, je me tuerai moi-même, ou je me meurtrirai le corps, ou je tuerai quelqu'un, & cela retombera sur vous. Si on ne lui donne pas quelque chose, & que le fripon ait le courage d'exécuter une de ces menaces, comme cela arrive quelquefois, celui à qui il s'est adressé est appelé en justice, & condamné comme coupable du crime commis par le misérable qui l'a dénoncé.

Dans le royaume de Juida, la justice est beaucoup mieux connue, & les peuples y sont très-civilisés par comparaison avec les autres Nègres. Le meurtre & l'adultère avec les femmes du roi ne se pardonnent jamais. Les coupables sont brûlés ou ont le ventre fendu vivans; on leur arrache les entrailles, on remplit leur corps de sel & on les expose sur la place du marché. Ces supplices sont très-rares, par la raison que les Nègres craignant extrêmement la mort, ne s'exposent pas volontiers à tout ce qui les y peut conduire. Le roi de Juida reste toute sa vie enfermé au milieu de ses femmes, & n'a qu'elles pour le servir. Il sort peut-être deux ou trois fois par an pour aller se divertir. Il est accompagné alors de plus de mille femmes habillées superbement, sans aucun homme. Les courtisans vont l'attendre à l'endroit qu'il leur a indiqué, & il y va de leur vie de badiner avec les femmes du roi, ou de s'en approcher de trop près.

Si quelqu'un va rendre visite à un de ses supérieurs, ou s'il le rencontre par hasard, il se met aussitôt à genoux devant lui, baise la terre par trois fois, en se frappant dans les mains & en disant bon jour ou bon soir ; l'autre répond assis ou debout, en frappant doucement dans ses mains & en disant *c'est assez*. Cependant, l'inférieur reste couché par terre jusqu'à ce que sa visite soit finie, & se retire alors en rampant & avec les marques de la plus grande soumission. Les enfans ont à peu près le même respect pour leurs pères, les cadets pour leurs aînés, & les femmes pour leurs maris. D'un supérieur on ne reçoit rien qu'à genoux &

à deux mains, après avoir baisé la terre : en lui parlant, on a soin de se couvrir la bouche avec la main, pour que l'haleine ne l'incommode pas.

S'il arrive qu'un seigneur éternue, tous ceux qui sont présens tombent à genoux, baisent la terre, frappent des mains & font, en se relevant, des vœux de prospérité à celui qui a éternué. Les femmes, comme dans toute la Guinée, travaillent à la campagne; celles du roi même n'en sont pas exemptes, & on les y voit tous les jours aller par centaine. Dès que le gouverneur d'une province trouve une jolie fille dans son district, il est obligé de l'envoyer au roi, sans que les parens puissent s'y opposer. Ce prince a trois ou quatre mille femmes. Les grands seigneurs & les riches suivent l'exemple de leur prince & entretiennent trois à quatre cens femmes. Il y en a qui ont jusqu'à deux cens enfans; comme les pères sont les maîtres absolus de ces femmes & de ces enfans, sur le moindre prétexte, ils les vendent. Ici, le fils aîné hérite de tous les biens de son père & de ses femmes, dont il fait ce qu'il veut, à l'exception de sa mère, à qui il fournit tout ce qu'il faut pour vivre tranquillement. Le roi de Juida n'étant servi que par des femmes, il s'en sert souvent pour punir ceux qui ont encouru fa difgrace, ou qui l'ont offenfé. Rien de plus plaifant que de voir un bataillon de trois ou quatre cens femmes marcher le fer à la main, pour aller piller & abattre la maifon d'un coupable ou d'un favori difgracié. Il eft défendu, fur peine de la vie, de leur faire la moindre réfiftance, & le butin qu'elles font leur appartient.

Dans le royaume d'Angonna, fur la Côte-d'Or, il eft d'ufage que les femmes foient chargées du gouvernement, & elles rempliffent cette éminente dignité avec autant de fageffe & de courage que les petits rois des autres pays Je ne connois pas d'autre royaume dans toute la Guinée, dont le gouvernement puisse tomber en quenouille. La reine d'Angonna se conduit avec tant de prudence, que pour ne pas partager l'administration avec un homme, elle ne se marie jamais. Cependant, pour ne pas se priver entièrement des plaisirs du mariage, elle achète un jeune & joli esclave, qui lui tient lieu de mari, & à qui il est défendu, sous peine de mort, d'avoir la moindre intrigue avec une autre femme. Lorsque les charmes & la vigueur de la jeunesse l'ont abandonné, ou que la passion de la reine est éteinte, elle lui donne la liberté & en prend un autre. Elle ne se pique ni de chasteté ni de constance; & selon les idées reçues, comme elle est maîtresse de ses faveurs sans en être comptable, elle les accorde librement à qui il lui plaît, sans craindre de scandaliser personne. Sa fille aînée est la plus proche héritière du trône. Elle vend ses fils pour être esclaves, ou elle en dispose de façon à ne pas interrompre la succession dans la ligne féminine. La mère a soin d'instruire sa fille de ses principes civils & politiques. La jeune princesse se forme de bonne heure sur son modèle, & aussi-tôt que la nature a parlé, on lui achète un esclave de son goût pour ses amusemens amoureux.

Dans le gouvernement républicain, l'administration est partagée entre les vieillards appelés *Caboceros*, & les jeunes gens voués aux armes, qui s'appellent *Manceros*. Les premiers jugent les grandes affaires, & les derniers celles de moindre importance. Mais lorsqu'il est question de guerre, les uns & les autres s'assemblent, & prennent de concert des délibérations relatives aux circonstances. Les Manceros, animés par l'espoir du pillage, ne manquent presque jamais l'occasion de déclarer la guerre à leurs voisins, sur-tout lorsqu'ils les voient plus riches qu'eux-mêmes.

En général, tous les Nègres étant très-lâches, leur manière de faire la guerre n'offre ni évolutions raisonnées, ni combinaisons profondes dans l'art militaire. Une irruption soudaine dans le pays auquel l'on en veut est la première déclaration de guerre. On pille, on tue, on fait des esclaves & on se retire. S'il se rencontre une armée qui s'oppose à toutes ces expéditions, on se bat, mais sans ordre, sans disposition préalable. Chaque capitaine tient ses soldats fort serrés les uns contre les autres, & pour être plus en sûreté lui-même, il reste au centre. Une armée est ainsi composée de pelottons d'hommes, & rarement elle va à trois ou quatre lieues sur la Côte-d'Or, où les royaumes sont fort multipliés. Les détachemens ainsi rassemblés ne donnent pas tous ensemble, mais une troupe

attaque celle de l'ennemi qui lui est oppofée. Si elle a du deffous, le refte des troupes de fon parti prend la fuite & l'abandonne à la difcrétion du vainqueur. Ils ne fe tiennent pas droits en combattant, ils courent tous courbés, afin que les balles leur paffent par-deffus la tête. Il y en a qui s'avancent vers l'ennemi en rampant jufqu'à portée de faire leur décharge; l'un tire affis, l'autre couché, un autre à genoux; après quoi ils s'enfuient à toute jambe vers leur parti, pour charger leurs armes & revenir au combat. En un mot, ils font tant de grimaces en fe courbant, en fe traînant par terre, en fautant & en criant, que ces fcènes ont plus
l'air

l'air d'une fingerie que d'un combat. Leurs armes font des fufils, des carabines, des fabres fort larges de la forme d'une ferpe, l'arc & les flêches, l'affagaye, qui eft une efpèce de dard ou de javeline armée de fer, qu'ils lancent à vingt pas, & qui fe manie comme une lance. Ils n'ont pas d'autres armes défenfives que le bouclier, qu'ils tiennent de la main gauche en combattant avec le fabre ou l'affagaye. Ces boucliers font faits de bois de quatre à cinq pieds de long, & de trois de large. Les uns les couvrent de peau de tygre, de cuir doré ou de petites plaques d'or. Quelques rois ont auffi du canon, mais ils favent peu s'en servir à la guerre Plus communément il ne leur sert que pour faire des salves à l'honneur de quelqu'un.

On ne fabrique point de monnoie en Guinée ; les seules qui y aient cours, sont des koris ou petites coquilles qui sont répandues dans toute l'Inde, & que les Européens apportent aux Nègres. Presque toutes les nations d'Europe ont des établissemens sur les côtes de Guinée, pour y acheter de l'or, de l'ivoire, de la gomme, & sur-tout des esclaves, qu'on transporte ensuite dans les colonies d'Amérique, où on les emploie à la culture de la terre, à la fabrication du sucre, de l'indigo, & à toutes sortes d'ouvrages.

LETTRE XLV.

De l'Ile de Gorée.

J'AI cherché, Madame, à pénétrer dans la Nigritie, mais les moyens d'y voyager avec quelque sûreté ont manqué à mon défir. Il a fallu, malgré moi, me réfoudre à paffer outre; il a fallu m'en rapporter à ce que j'ai pu recueillir de la bouche de quelques Européens que j'ai trouvés fur mon paffage, & qui ont vifité quelques parties de ce pays. Il eſt à defirer que les voyageurs qui me fuivront foient plus heureux que moi.

« La Nigritie eſt une des plus vaſtes régions de l'Afrique, & en même tems une des moins connues elle confine à l'Abyssinie & à la Nubie, autrement dit le royaume de Sannar, qui la bornent à l'orient; & elle tire son nom ou de la couleur noire de ses habitans, ou du fleuve Niger, qui la traverse dans toute son étendue, & la rend assez fertile.

Ce pays, séparé du reste du monde par des déserts arides, par des montagnes escarpées, étoit encore ignoré à la fin du dixième siècle. Un mahométan, que le hasard avoit alors conduit en Barbarie, résolu de connoître toutes les parties de l'Afrique, traversa les déserts, franchit les montagnes, & sa curiosité, secondée par son courage, lui faisant surmonter tous les obstacles, il arriva enfin dans la Nigritie, où avant lui, aucun voyageur n'avoit pénétré. Les habitans, dont le nombre étoit incroyable, n'avoient ni loix, ni mœurs, ni gouvernement, ni religion. On ne voyoit parmi eux ni rois, ni princes, ni magistrats ; ils vivoient dans une parfaite égalité. Contens des productions du climat, ils ne cherchoient point à faire de conquêtes. Les uns cultivoient la terre, les autres gardoient les troupeaux. Ils s'assembloient dix ou douze, tant hommes que femmes, pour passer la nuit dans une cabane, & chaque homme prenoit la femme qui lui convenoit, parce qu'elles étoient toutes en commun. Les enfans l'étoient de même, & toute une peuplade ne formoit qu'une seule famille.

» Un des premiers rois de Maroc poussa ses conquêtes jusques dans cette contrée, & la soumit peu de tems après qu'elle eût été découverte. Les Lybiens s'en rendirent maîtres ensuite & y portèrent leur religion, qui étoit le mahométisme, ils y établirent leurs loix, leur commerce & leur langue. Les Nègres, impatiens de la domination de ces étrangers, résolurent de secouer le joug. Un des braves du pays de Tombut se mit à la tête d'un parti & massacra leur nouveau roi. Appelant ensuite autour de lui ses compatriotes, il leur montra son poignard, teint du sang de leur souverain, & son crime fut à leurs yeux l'action d'un héros digne de régner. Ils le proclamèrent roi de Tombut, & s'étant réunis sous ses ordres, ils égorgèrent ou chassèrent les Lybiens. Leur exemple fut suivi dans tous les autres cantons, & les différens trônes du pays ne furent plus occupés que par des Nègres. Ils conservèrent les loix, la religion, le gouvernement établis par leurs premiers maîtres, & c'est de là que prit naissance cette multitude de petits royaumes qui partagent la Nigritie, & dont tous les habitans font profession du mahométifme. On affure que plufieurs de ces états ont été conquis par l'empereur de Maroc, & font aujourd'hui gouvernés par des pachas. Quoi qu'il en foit, voici ce que j'ai pu apprendre de la plupart de ces diverfes contrées, que l'ufage a honorées du titre de royaume.

» On nomme Goaga un petit pays habité par un peuple barbare, qui vit, dans la montagne, du produit de fes troupeaux. Après avoir joui long-tems de fa liberté, il fut afservi par un de fes compatriotes. Cet homme étoit au fervice d'un marchand égyptien ; & un jour qu'il n'étoit pas éloigné de fa patrie, il égorgea fon maître, prit fon argent & s'en revint dans son pays. Les richesses que son crime lui avoit procurées, éveillèrent son ambition ; il acheta des chevaux & des esclaves, assembla plusieurs brigands, se mit à leur tête, & fit des excursions sur les peuples voisins. N'ayant à combattre que des hommes foibles & sans armes, il revenoit toujours chargé de dépouilles, qu'il changeoit pour des chevaux & pour des esclaves. Enfin le nombre de ses soldats devint si considérable, que les Goagois se voyant hors d'état de lui résister, le reconnurent pour leur souverain. Son fils hérita de son courage & de sa puissance, & transmit à ses descendans un royaume qu'ils ont eux-mêmes considérablement agrandi.

» Celui de Bournou abonde en bled & en troupeaux, & les habitans sont presque tous pasteurs. Le roi entretient trois mille hommes de cavalerie, & une infanterie encore plus nombreuse, toujours prêts à à le suivre à la guerre, au moindre signe de sa volonté. Ses revenus consistent dans la dîme qu'il perçoit sur la récolte, dans le pillage qu'il fait sur ses ennemis. Il tire ses chevaux de Barbarie, & il est dans l'usage de ne les payer qu'en esclaves. Les marchands attendent qu'il soit de retour de ses expéditions; mais dans cet intervalle, ils sont nourris aux dépens du monarque. On prétend que ce prince possède des richesses immenses ; que ses étriers, ses éperons, ses armes, sa vaisseile, les mors de ses chevaux, jusqu'aux chaînes avec lesquelles il attache ses chiens, sont de pur or.

On trouve aussi beaucoup de ce métal dans un canton du royaume de Guengura ; mais comme on ne peut y arriver que par des chemins impraticables aux chameaux, on voiture les marchandises qu'on y échange sur le dos des esclaves. Ces malheureux, quoique chargés presqu'au-delà de leurs forces, font presque tous les jours sept ou huit lieues, & il y en a même qui vont & reviennent le même jour.

Outre les marchandises, on les force de porter encore la nourriture de leurs maîtres & celle des soldats qui les escortent.

» Les royaumes, ou pour parler plus convenablement, les districts de Zanfara, de Zegzeg, de Casona, font ajourd'hui partie de la souveraineté de Tombut, dont celui de Cano est devenu tributaire, de même que ceux d'Agades, de Ginoa, de Melli, de Guber & de Gualata. Celui de Gago tire son nom d'une ville qui est pour ainsi dire le rendez-vous de toutes les marchandises de l'Afrique septentrionale. On y amène des draps de Barbarie & des esclaves de tout sexe, des chevaux, des épées, des éperons,

éperons, des brides, &c. & l'or y est si commun, que tout s'y vend quatre fois plus cher qu'en Europe. Ces petits rois, tout petits qu'ils sont, ont un despotisme absolu dans leurs états. Ils sont maîtres de la liberté de leurs sujets ; nul ne pourroit s'opposer à leur volonté, sans encourir sur le champ une mort certaine.

» De tous ces pays, Tombut est le seul à qui on puisse raisonnablement donner le titre de royaume, par son étendue & par sa puissance. Il y a dans sa capitale, qui porte le même nom, une infinité de marchands, d'artistes & de fabricans de toiles de coton. On y apporte même des draps d'Europe,

& il s'y fait un si grand commerce, que tous les habitans en général y sont fort riches. Mais on prétend que le roi de Tombut, auquel presque tous ses voisins paient tribut, est tributaire lui-même de l'empereur de Maroc. Quoi qu'il en soit, sa cour est la plus magnifique de la Nigritie. Lorsqu'il fait un voyage, ou qu'il va à la guerre, son chameau est conduit par les plus grands seigneurs. Ses peuples ne l'abordent jamais sans se prosterner; les étrangers, les ambassadeurs mêmes ne sont pas exempts de cette humiliante cérémonie.

» On ne voit tous ces rois que lorsqu'on a besoin d'eux, & toutes les fois qu'on veut leur parler, il faut les prévenir par des préfens ; fans quoi ils fe croiroient infultés, & loin d'en rien obtenir, on ne feroit que les indifpofer. Ces préfens confiftent ordinairement en eau-de-vie, en quelques armes & pièces d'étoffes, & furtout en quelques mouchoirs des Indes pour leurs femmes ou leurs maîtreffes, qui en font fort curieufes ; alors ils reçoivent avec bonté les envoyés, leur témoignent leur fatisfaction, fe font un plaifir & même un point d'honneur d'accorder ce qu'on leur demande. Si l'on manque de parole à l'un d'eux, ils en font tous offenfés, & ne fe font plus de fcrupule de vous tromper.

» Le roi de Tombut ne souffre aucun juif dans ses états ; sa haine à leur égard est poussée si loin, que si quelqu'un de ses sujets entretient commerce avec eux, tous ses biens sont confisqués. Les plus notables de ce royaume, jadis toujours guerriers, toujours victorieux, aujourd'hui studieux & pacifiques, sont les juges, les docteurs & les prêtres, tous gens avec lesquels le monarque ne remporteroit plus de victoire comme autrefois, ni ne rendroit ses voisins tributaires. En revanche, ils paroissent fort animés de l'amour des lettres; on peut du moins en juger ainsi, par la prodigieuse quantité de livres & de manuscrits que les Arabes leur apportent. C'est la marchandise du pays qu'on estime le plus & qui se vend le plus cher. La monnoie courante consiste en de petites coquilles qui se tirent de Perse; il en faut quarante pour faire un grain d'or.

» On assure que ce métal est si commun dans ce royaume, que pour peu qu'on remue la terre, on en trouve par-tout sous ses pas. La plupart des rivières qui descendent de l'est, en entraînent avec elles en poudre & en grain, sur-tout après les grandes pluies & les débordemens. On l'appelle or de la vase, à cause de la manière dont les Nègres le séparent de la terre. Il n'est pas nécessaire de la creuser bien avant; il ne faut qu'en racler la superficie, la laver dans une sebile, & en verser l'eau par inclinaison, pour avoir au fond l'or en poudre, & souvent même des grains considérables. Cette façon d'exploiter les mines est cause qu'on ne découvre que l'extrêmité des rameaux, sans aller au filon principal. Il est vrai que ces rameaux sont pour l'ordinaire si riches & d'un or si pur, qu'il ne faut ni le piler, ni le fondre pour le mettre en œuvre. La terre qui le produit n'est ni dure, ni difficile à creuser, & dix hommes peuvent y faire plus d'ouvrage, que deux cens dans les plus riches contrées du Pérou & du Brésil.

» Les Nègres ne connoissent point

les terres où il y a plus ou moins d'or. Ils favent, en général, qu'on en trouve prefque par-tout. Et quand ils rencontrent quelque veine abondante, ils s'y arrêtent & continuent d'y travailler, jufqu'à ce qu'elle ceffe de produire. Ils la quittent alors & en cherchent une autre. Ils croient que l'or a la malice de changer de place & de fe cacher, quand on va pour le recueillir ; & fur ce préjugé, s'ils n'en trouvent point dans un endroit, ils difent tranquillement qu'il s'eft enfui, & ils vont ailleurs. Lorfque fans beaucoup de peine, ils retirent beaucoup d'or, ils fouillent à quelques pieds de profondeur, & ne vont pas plus loin, non que la veine diminue; ils avouent au contraire, que s'ils creufoient plus avant, elle deviendroit plus abondante, mais ils font trop pareffeux pour continuer un travail pénible. D'ailleurs, ils n'ont ni l'invention des échelles, ni les inftrumens néceffaires pour étayer les terres & prévenir les éboulemens.

» Il n'eft pas permis à tous les particuliers de chercher de l'or où bon leur femble, ni quand il leur plaît. Cela dépend abfolument de la volonté du fouverain. Il fait avertir fes fujets, que tel jour on exploitera telle mine, & chacun fe rend au lieu convenu. Les uns fouillent, les autres tranfportent la terre; ceux-ci apportent l'eau, ceux-là délaient & lavent la matière; d'autres gardent l'or que l'on tire, & observent si les laveurs n'en dérobent pas quelque partie. Le travail achevé, on partage ce qu'on a recueilli, après que le souverain a pris ce qu'il a voulu. Comme cette contrée ne produit presque que de l'or, il sert aux habitans pour se procurer tout ce qui est nécessaire à la vie. On leur fournit les marchandises dont ils ont besoin. Dans le sein même de la stérilité, on voit régner l'abondance.

Au nord de la Nigritie, est le vaste désert de Saara, qui, du levant au couchant, a plus de huit cens lieues, & près de quatre cens, du septentrion au midi. Ce pays, que les Latins appeloient désert de Lybie, est plat, sablonneux & stérile. Les caravannes qui le traversent, dirigent leur marche avec la boussole. La disette d'eau en a fait périr plusieurs, d'autres ont été ensevelies sous le sable. On y voit néanmoins une ville nommée Tagazis, qu'on dit être fermée de murailles, mais où il n'y a ni commerce, ni police. On prétend que les femmes y ont la principale autorité ; cependant le roi de Maroc y tient un gouverneur & une garnison. Tagazis est située dans la partie occidentale du désert ; les habitans y sont fort pauvres ; le territoire ne produit que du millet, des dattes & quelques olives.

» Les peuples répandus dans le désert de Saara, font un mêlange d'Arabes & de Maures. Ceux-ci font originaires de Barbarie, les autres defcendent des anciens Arabes, qui conquirent l'Afrique du tems des califes. On leur donne à tous le nom de Maures, & on les divife en plufieurs tribus, qui ne reconnoiffent point de fouverains. Chaque tribu forme une petite république, gouvernée par un chef qui eft ordinairement le plus riche de la peuplade. Leurs villages ne font qu'un affemblage de tentes rangées en cercle, dont le centre eft occupé la nuit par des beftiaux. Des fentinelles veillent autour du camp, pour garantir l'habitation des surprises de l'ennemi, des voleurs ou des bêtes féroces. Quand le bétail a consommé tous les pâturages d'un canton, on va s'établir dans un autre; on met les femmes & les enfans dans des paniers, sur le dos des chameaux; les meubles & les tentes sont portés par des bœufs; & les hommes, montés sur des chevaux, conduisent la troupe. Cette vie errante n'est pas sans agrément ; elle leur procure sans cesse de nouveaux voisins, de nouvelles commodités, de nouvelles perspectives. C'est la vie des anciens patriarches. On ne se dérobe point à la douce illusion que présentent de tels objets. On oublie son siècle & ses contemporains ; & l'on se rappelle ces tems fortunés de l'amour & de l'innocence où les hommes étoient simples, & vivoient heureux & contens.

» Ceux-ci professent le mahométisme; mais ils n'ont ni mosquées, ni lieux fixes pour leur culte. Ils prient où ils se trouvent, en observant les heures prescrites par la loi. Leurs prêtres se nomment marabouts. A leur contenance grave & modeste, à leurs discours, qu'ils commencent & finissent toujours par le nom de Dieu, vous les croiriez les plus religieux de tous les hommes; mais lorsqu'on les met à l'épreuve, sur-tout dans les affaires de commerce, on ne trouve que de l'hypocrisie, de l'avarice, de la cruauté, de l'ingratitude, de la superstition, de l'ignorance, sans aucun principe de vertu morale, ou même d'honnêteté naturelle; ce sont les pharisiens du mahométisme.

L'habillement de ce peuple approche assez de celui des sauvages. La plupart n'ont qu'une peau de chèvre autour des reins; les plus riches se couvrent d'une chemise avec des hautes chausses qui leur descendent sur les talons. Par-dessus tout cela, est une grande casaque sans boutons, liée avec une ceinture qui leur fait deux ou trois fois le tour du corps. Les femmes ont une chemise de coton,

& par-dessus une pièce d'étoffe rayée en manière d'écharpe. Une partie de leurs cheveux est relevée sur la tête, l'autre est liée par-derrière & leur tombe sur la ceinture. Leurs boucles d'oreilles sont plus grandes ou plus précieuses, à proportion de leurs richesses. Elles ont des bagues à chaque doigt, des bracelets aux jointures des bras, des chaînes & d'autres anneaux à la cheville du pied. Si elles paroissent devant un étranger, ce n'est que sous un voile qui leur couvre les mains & le visage. Jamais elles ne sortent seules; les hommes mêmes ont l'attention de détourner la vue lorsqu'ils les rencontrent : pleins du plus grand respect pour elles; ils s'abstiennent sur-tout de les exposer en public, & veillent réciproquement les uns les autres sur leur conduite. Personne n'entre dans le lieu particulier qu'elles habitent. Jamais on ne fait mention d'elles, même entre amis intimes, tant on est persuadé que la femme la plus honnête est celle dont on parle le moins.

» Les filles ne portent qu'un morceau d'étoffe autour des épaules, & plus bas une jupe de peau coupée en plusieurs bandes, qui les couvrent assez bien dans un tems calme ou lorsqu'elles restent tranquilles; mais à la moindre agitation, le vent le plus léger les met en défordre. Les Morefques ont le teint brun, mais les traits réguliers, de grands yeux noirs & brillans, la bouche petite & les dents d'une extrême blancheur.

» L'occupation ordinaire de ces filles & de leurs mères, eſt de filer le poil de chèvre & de chameau qu'elles apprennent de bonne heure à mettre en œuvre, de fabriquer des étoffes, de préparer les alimens, de faire la provifion d'eau & de bois. La propreté, qu'elles regardent comme le premier devoir, eſt auſſi leur première parure. Perfuadées qu'il n'eſt pas d'objet plus dégoûtant qu'une femme malpropre, elles croient ne bien faire que ce qu'elles font proprement.

Aussi la première chose que demandent sans exception les filles & les femmes du désert par-tout où elles campent, c'est de l'eau pour se baigner ou se laver.

» Les maris, de leur côté, ont pour elles beaucoup de complaisance. Ils consacrent à leur parure presque tout ce qu'ils gagnent par le commerce & le travail. Tout l'or qu'ils apportent de la Nigritie, ils le font servir à leur faire des bracelets & des boucles d'oreilles. Comme ils sont passionnés pour ce métal, & que la nature n'en produit point dans leur pays, ils font volontiers le voyage de Tombut; & la moindre espérance de gain les engage dans de longues courses, & leur fait braver toute fatigue & tout danger.

» Dans ces voyages, tout ce qu'ils trouvent sur leur chemin semble leur appartenir. Ils confondent dans leur brigandage les amis & les ennemis. Semblables à ces navigateurs qui exercent tout-à-la-fois le commerce & la guerre, ils se saisissent même des Nègres qui trafiquent avec eux; & s'ils ne les gardent pas pour leur usage, ils les vendent aux européens ou aux maures de Fez & de Maroc. En un mot, les mœurs & les coutumes de ces peuples sont presque les mêmes que celles de l'Arabe Bédouin. C'est la même manière de camper, de voyager, de nourrir les bestiaux, de cultiver la terre, de conserver les grains, de vivre en famille & d'enterrer les morts. C'est le même respect pour les prêtres, le même amour pour les enfans, le même soin des chevaux, le même attachement pour les femmes. Ce sont enfin les mêmes fêtes, les mêmes amusemens, la même superstition & la même ignorance ».

Fin du vingtième Volume des Voyages.

TABLE

TABLE

Pour les dix-neuvième & vingtième Volumes des Voyages.

TOME XIX.

Pays des Hottentots.

Lettre XXX. *Préparatifs pour voyager dans l'intérieur du pays des Hottentots. Charriot; attelage de bœufs. Premières couchées; passage à travers la montagne de Hottentot-Holland. Séjour à Boot-Rivier. Départ pour les bains chauds de Izer-Baad. Gazelles, zèbres, autruches. Arrivée aux bains; manière de les prendre,* page 1

Lettre XXXI. *Voyage des bains chauds à Zwellendam.*

Le conducteur ne sait point la route. Les deux voyageurs ne peuvent se procurer un Hottentot pour mener les bœufs ; ils font de nécessité vertu, & les conduisent eux-mêmes. Ils se procurent un Hottentot, qui s'enivre lui & plusieurs autres, avec l'eau-de-vie de leurs maîtres. Ils sont en danger d'être tués par les Hottentots ivres. Ils mettent un serpent vivant dans la liqueur. Les Hottentots avalent le poison des serpens, qu'ils regardent comme un puissant préservatif contre leurs morsures. Le voyageur trompé dans son attelage de bœufs ; l'un d'eux retourne à la maison du vendeur. Description de la ferme & de la forêt de Tyger-Hock ; description des Hottentots, de leurs personnes, habillemens, ornemens. Ils se frottent de graisse & de suie, ce qui dénature la couleur de leur peau. Les Hottentots se frottent de la poudre de Bucku. Ils ne portent point aux bras & aux jambes des intestins d'animaux, mais des anneaux de cuir. Comment ils font ces anneaux. Leurs craals ou villages, & leurs huttes ; leurs mœurs & leur caractère. Hommes-boshis ou Hottentots sauvages, &c. Deux filles Hottentotes viennent voir le charriot des voyageurs par curiosité ; leur conduite édifiante. L'auteur cherche en vain à louer un

Hottentot pour mener ses bœufs. Lenteur & paresse des Hottentots, 45

LETTRE XXXII. *Arrivée à Zwellendam; le Landrost offre de vendre à l'auteur un meilleur attelage de bœufs. Zèbres & quagga. Riet-Valley. Langue des Hottentots comparée avec celle des Hottentots-Chinois; leur musique instrumentale; leurs pipes; leur jeu de quadrille. Singes noirs. Les voyageurs s'égarent dans la nuit; bœufs de selle. Lait conservé dans une peau. Rundganger, capitaine Hottentot. Les capitaines sont espions de leurs compatriotes. Abondance de lait dans une ferme. Distinction des terreins ari-*

des & doux. Vaches qui se rongent mutuellement les cornes. Les Hottentots changent continuellement de demeure, 139

LETTRE XXXIII. *Les voyageurs s'égarent ; ils passent la nuit au bel air ; ils arrivent à Hagel-Craal. La vallée d'Ariaquas est regardée comme inhabitable ; l'herbe qui y croît. Incommodité causée par les mouches ; manière de les prendre. L'auteur fricasse une perdrix. Description des moutons. Cérémonies pratiquées sur un agonisant. Les voyageurs sont trompés dans l'achat qu'ils font d'une autre paire de bœufs. Rancune des Hottentots envers les chrétiens*, 191

LETTRE XXXIV. *Arrivée à Pier-Rivier. Description des Hottentots fugitifs. Huttes couvertes de chair d'éléphant ; manière de chasser cet animal. Aventure arrivée à un fermier. Danse des Hottentots ; leurs mariages. Les Hottentots excluent de leur société les individus vieux ou inutiles. Ils enterrent vivans les enfans,* 218

LETTRE XXXV. *Description du terme ; les Hottentots en mangent. Ils se réjouissent en voyant arriver les sauterelles. Arrivée à Comtours-Rivier chez le capitaine Kies. Description des sangliers ; description des lions ; les bœufs & les chevaux sentent son approche,* 252

TOME XX.

ABYSSINIE.

LETTRE XXXVI. *Description géographique de l'Abyssinie, climat, sol, plantes, animaux, insectes, minéralogie; portrait des Abyssins, coutumes, langue, religion; origine de l'empire d'Abyssinie, gouvernement, mœurs, commerce,* 1

MONOMOTAPA.

LETTRE XXXVII. *Description du Monomotapa, climat, résidence du souverain à Zimbaoé; mœurs de la cour, origine des empereurs; fêtes lunaires, commerce avec les Portugais; montagnes d'Afura, ville de Sofala,* 41

Congo.

Lettre XXXVIII. *Naufrage extraordinaire au Cap Lédo*, 57

Lettre XXXIX. *Malignité de l'air au Fort Saint-Philippe; coutume horrible. Province d'Angola, résidence du souverain, division des habitans en plusieurs classes; punition de tous les crimes par l'esclavage; traite des Nègres du royaume d'Angola, commerce. Loanda, description de cette ville; haine des Mulâtres contre les Noirs de Loanda, réduits à la servitude; gouvernement de Loanda. Pêche sur les bords de l'île de Loanda, fécon-*

dité du territoire en fruits; rivière de Coenza, 91

LETTRE XL. *Rivière de Congo, arrivée à San-Salvador; description de cette ville, palais du roi, costume, alimens; bonnet blanc, gouvernement, température, productions, végétaux, Pongos, animaux, minéraux, religion; Chitomé,* 111

GUINÉE.

LETTRE XLI. *Climat, terroir, productions, végétaux, animaux, mines. Portrait des Nègres, costumes, architecture, alimens, cérémonies, langues,* 148

LETTRE XLII. *Arts & métiers,*

distinction des ordres, instrumens de musique, mariages, funérailles, 179

LETTRE XLIII. *Religion, idole de la Côte-d'Or; histoire inventée par les Marabouts Nègres,* 209

LETTRE XLIV. *Gouvernement, manière d'exercer la justice, cérémonies ; femmes du souverain, reine d'Angonna, armes, monnoie,* 227

NIGRITIE.

LETTRE XLV. *Description de la Nigritie; histoire de ce pays, contrée de Goaga, royaume de Bournou, richesse de son souverain, royaumes tributaires du souverain de Tombut*; royaume de Tombut, commerce considérable, magnificence du souverain, manière d'obtenir quelque chose de tous ces rois. Haine du Roi de Tombut envers les Juifs, Notables de ce royaume; monnoie, l'or abonde dans ce pays, manière des Nègres pour exploiter les mines; préjugé des Nègres sur l'or; le souverain en dispose entiérement. Description géographique du désert de Saara, ville de Tagazis, peuples répandus dans le désert de Saara, ils vivent errans; Marabouts, costume, portrait des Moresques, passion des Maures pour l'or, commerce. 243

Fin de la Table.

www.ingramcontent.com/pod-product-compliance
Lightning Source LLC
Chambersburg PA
CBHW050629170426
43200CB00008B/935